明朝大博弈

章宪法 著

江苏凤凰文艺出版社

图书在版编目（CIP）数据

明朝大博弈 / 章宪法著. — 南京：江苏凤凰文艺出版社，2018.7
ISBN 978-7-5594-2276-7

Ⅰ.①明… Ⅱ.①章… Ⅲ.①中国历史－明代 Ⅳ.①K248

中国版本图书馆 CIP 数据核字(2018)第 111634 号

书　　名	明朝大博弈
著　　者	章宪法
责任编辑	张　黎　万馥蕾
出版发行	江苏凤凰文艺出版社
出版社地址	南京市中央路 165 号，邮编：210009
出版社网址	http://www.jswenyi.com
印　　刷	南京捷迅印务有限公司
开　　本	718×1000 毫米　1/16
印　　张	14.5
字　　数	230 千字
版　　次	2018 年 7 月第 1 版　2018 年 7 月第 1 次印刷
标准书号	ISBN 978-7-5594-2276-7
定　　价	36.00 元

（江苏文艺版图书凡印刷、装订错误可随时向承印厂调换）

目录

沈万三：权力的假想敌
- 002　一、"聚宝盆"的秘密
- 006　二、乱世之争
- 010　三、新朝旧主
- 012　四、犒军事件
- 015　五、没有结局的背影

刘三吾：知识分子的实用功能
- 020　一、田园归来
- 022　二、一言之失被"退休"
- 026　三、官复原职
- 028　四、"南北榜案"
- 031　五、无用之用

郑和：下西洋的绝密使命
- 036　一、非凡太监
- 037　二、皇家血本
- 038　三、绝密使命
- 040　四、大军追击
- 043　五、疑似目标
- 045　六、欢乐主题
- 047　七、再来一次
- 049　八、烟消云散

唐伯虎：悲情人生

052　一、人生波浪
055　二、飞来横祸
059　三、孤独的真相
061　四、才艺的凶险
064　五、名节之痛
066　六、只当漂流在异乡

戚继光：英雄的另一面

070　一、幸运与不幸
072　二、奋斗的尝试
074　三、倭寇的面目
077　四、倭患的升级
078　五、窝囊的开局
080　六、高危的险棋
083　七、残酷的兵法
085　八、永远的英雄
087　九、英雄的剖面
089　十、英雄试金石
093　十一、英雄美人关

海瑞：不合时宜的清官

098　一、暗淡中的新星
103　二、力不从心的尝试

111　三、百病之源
115　四、疑难杂症
121　五、疑似病人

左光斗：朋党之争的牺牲品

128　一、家风
130　二、乡风
132　三、世风
135　四、对手
137　五、诀窍
138　六、惹祸
139　七、合作
141　八、打骂
143　九、刀子
145　十、银子
146　十一、挖坑
148　十二、尾声

徐霞客：孤独的旅行家

152　一、中国旅游日
154　二、一个并不姓徐的怪人
155　三、梦一样的人生
157　四、家族的噩梦与不甘
159　五、决裂大明

162	六、旅游纪念品
165	七、天生的旅行家
167	八、驴友
169	九、神助
171	十、大明残月

崇祯：多疑丧命的亡国之君

176	一、治与乱
182	二、疑与信
192	三、战与和
197	四、守与走

史可法：书生英雄

206	一、秀才与兵
209	二、书生意气
213	三、天下大势
216	四、困顿时事
219	五、壮烈英雄

| 222 | **参考书目** |

※ 沈万三：权力的假想敌 ※

宫城，皇城，京城，层层叠叠，一派森严。偶尔的鹰隼越过天空，成为太祖威严的俯视。龙椅上的明太祖，双眼阴鸷——这才是真正的猛禽，他从不缺失自己的警觉，在捕杀显现的猎物后，依旧时刻寻觅潜在的敌人！

二十五岁起兵，十七年征战，这个名唤朱重八的凤阳僧人，荡平了天下所有的敌手，于南京登上帝王宝座，成为响当当的英雄朱元璋，更成为万民仰视的明太祖洪武皇帝。与那些守成、享乐的帝王迥然相异，大宝之上朱元璋的大兴土木，不是布展帝王之家的壮丽与奢华，而是在南京城圈起了一道又一道高墙，为权力打上坚硬的铁箍。还有权力的觊觎者么？一只不祥的猎物，在太祖的视线里渐渐明晰——这，就是沈万三。

一、"聚宝盆"的秘密

沈万山（约 1306—1393），本名沈富，又名沈秀，字仲荣，祖籍浙江湖州，父辈时徙居吴县，后移居苏州。明初的这位沈秀，因巨富名闻天下，世称"沈万三"，后世民间的一尊"财神"。

民间传说、文人随笔、正史《明史》，魅力持久的火爆题材"沈万山"，其实仍是一个熟悉的陌生人：正史、族谱以及文人笔记中的沈万三，大约能见一百二十余种，叙述各异，你说是他说非，甚至有人怀疑历史上是否确有沈万三其人。但是，自明太祖起始的有明一代，沈万三代表的财富与王朝权力潜在的冲突，始终是显性而真实的。

当"要命"不再作为时代的主题,"要钱"便扩张为最显性的本能,明朝在财富的创造与追捧上也与前朝迅速拉开了距离。董谷《碧里杂存》言:明初年社会流行称巨富为"万户",有钱人姓后多要被敬赠一个"万"字,通俗地说尊敬吧。富人也是有等级与档次的,富裕的程度则分"奇、畸、郎、官、秀"五等,"秀"为最高。"沈秀"与"沈万",全是标识。称其"沈万",后面再不厌其烦地加个"山"字,约等于着重号,意思就等于"沈秀";而冒出个"三"字,据说是地方富豪排行榜,沈氏曾经屈居"第三"。后世著述中沈万三的各种乱,实际上又是相通的。

在被奉为中国"财神"的人物中,沈万三基本上属于"前有古人,后无来者"。他在民间的魅力,钱财的多少只是一个方面,更重要的是在于他富贵荣华的因果奇异——这类致富传说,足以催生无数人的"富贵梦":无需辛劳,运气来了,便有花不完的金山银山。

传说沈万三的财富,源于"聚宝盆":盆中放金子,取出金子又生出金子;盆中放银子,取出银子又生出银子,取之不尽,用之不竭。总之,沈万三确实是个大款,并且又不劳而获,连算盘珠子也不用拨一下。

沈万三是如何得到"聚宝盆"的呢?也乱了。虽是众说纷纭,却不外乎两类:基于道德,或基于智慧。一说沈万三救了一批青蛙,从而发现"聚宝盆"。做好事,发大财,也属于"正能量"。一说这年大旱,草木基本上都已枯绝,但沈家负责割草的佣人,却能每天顺利完成割草任务,早早收工。善于"全程管控"的主人沈万三顿生好奇,琢磨了一阵子,决定悄悄跟在佣人的后面,瞧它个明白。累出一身汗味的沈财主,很快眼睛一亮:万木皆枯,山中竟有一小块地,长着绿油油的青草,佣人前面割掉,后面它又长出来!待佣人走远,兴奋的沈万三赶紧拿锹来挖,挖出一个铁盆。结果,"聚宝盆"横空出世……

——相信很多人都知道这个故事,但可以肯定,并没有多少人真正明白:故事的谜底,旨在证明沈万三聪明绝顶!如果脑子不好用,不能透过现象看本质,就算"聚宝盆"近在咫尺,也不过是沈家的佣人,图得快活,始终只知其一,不知其二，沉醉于割草的轻松，把老板们的差事打发掉。

传说中沈万三的异样，实则还有更重要的一条：他能琢磨人，还能不让人知道。这位沈万三，迟早要干出大事来。财，从来就没有乱发的。

一介农夫，满脑智商，即便乡村陋野，沈万三也断断不会沉醉在"聚宝盆"的"致富梦"中。

真实的沈万三，究竟如何完成了由农夫到富人的转变？答案：农耕。

元末是一个严重动荡的社会，破产成为乡村的普遍现象，不少土地失去业主或佃户沦为荒芜。沈祐、沈万三父子从南浔卜居周庄，依赖的便是将无主土地收归己有。别人不要的地，价值太有限，倘若耕种不善，很可能血本无归。辛苦一年，只收回种子，不种才是检验智商的唯一标准。所幸沈家父子手脚勤快，头脑好使，他们改良土壤，兴修水利，实施良法，贫瘠的土地一块块地变成良田，再渐渐蔓延成一片，成全沈家父子成为名副其实的乡村地主。

"万物土中生，有土斯有财。"开始富裕的沈家父子，又不断开垦荒地，兼并良田，从此成为苏州地方的富户。依靠土地的占有与经营，这也是元末江南豪家的普遍起点。靠"躬稼起家"，辛辛苦苦取自于土地，继而"广辟田宅，富累金玉"，陶煦《周庄镇志》（光绪版）等地方史料中，沈万三的发家史清晰，而且可信。

年复一年的土地兼并与扩张，沈家的田产越发广大，沈万三也不再"躬稼"劳作，开始由体力劳动向脑力劳动的晋级——雇佣长工、短工，同时把田地出租给佃户，征收租米。传说中的"聚宝盆"，在这时真的落到了沈万三手中——

所谓"聚宝盆"，无非是让钱再生出钱来。沈万三的"聚宝盆"，便是高利贷。元末盛行的高利贷，同样为其他时代所不及，聪明的沈万三瞅准了这个时机，搞起了以钱生钱。高利贷这只"聚宝盆"，对沈万三的迅速致富，与传说中的"聚宝盆"并无二致。

沈万三除了"聚宝盆"，还有传说中的"摇钱树"——这就是经商。农耕与高利贷积累的资本，让沈万三有了进入商场的实力。他买卖粮食，贩购货物。明代的《逆臣录》中，可以看到沈家买卖过白蜡、珠宝、苏杭缎匹，经商圈覆盖到徽州、池州、太平府、常州和山东德州等地。沈家的生意，做在民间，也做到官府，甚至做到了海外。

沈万三还是一个运气极佳的人，因为他是一个信誉极好的人。清《周庄镇志》载："沈万三秀之富得之于吴贾人陆氏，陆富甲江左……尽与秀。"元末苏州人陆德源富甲江左，沈万三还曾当过他的"管家"，陆对沈氏很是欣赏，自己已经老了，也看破了红尘，加之时局动荡，巨额财产极易招致横祸，不如慷慨送人。于是，陆德源将家产赠给了沈万三，自己去澄湖边的开云馆当了道士。

家产送人？有的。李延昰《南吴旧话录》中的诸生唐默，"父以贾起家，积资雄一乡，田亩十余万"。这位唐书生，就与陆道士想到一块了：金钱如粪土嘛，全部送人，让他们难受难受！

这世间，好事总是有的，可惜的是等人送钱的常有，要送人钱的不常有。而从吕毖《明朝小史》相关情节看，陆道士可能有女无子，与沈万三还结有一门姻亲，家财送沈家，并不是随机抽样，"中奖"者的面目外人是看不清的。所以，对普通人而言，坐等别人送钱的心思，有或无基本上差不多。不管怎么说，沈万三人好、运气好，有一大笔偶然所得，商海中自是如虎添翼。

"东走沪渎，南通浙境"，周庄实在是个好地方。沈万三把水路交通发达的周庄，作为商品贸易和流通的基地，把内地的丝绸、瓷器、粮食和手工艺品等运往海外，又将海外的珠宝、象牙、犀角、香料和药材运到中国，开始了"竞以求富为务"的出海通番。《吴江县志》载："沈万三有宅在吴江二十九都周庄，富甲天下，相传由通番而得。"著名历史学家吴晗也说："苏州沈万三之所以发财，是由于做海外贸易。"

从第一产业干到第三产业，从国内贸易做到国际贸易，沈万三早已从"地主"晋级成了"资本家"。至于"资巨万万、田产逾吴下"，成为江南第一家，沈万三则另有一柄致富魔杖。

二、乱世之争

对财富的悲壮预言，陆道士算得上是"半个"预言家。他送给沈万三的财富，确实很快遇到了风险。元至正八年（1348年），方国珍兄弟造反。不过，方国珍造反的地点是在台州，离沈万三还比较远。元至正十三年（1353年），张士诚兄弟接着造反。这次沈万三麻烦大了，因为张士诚是泰州人，杀人越货的地点主要在高邮。离自己这么近，陆道士的财富预言看来要实现了。

但是，陆道士的预言始终没有实现。

张士诚（1321—1367），小名九四，泰州人。在元末诸多的造反者中，张士诚的身份最为特殊——他不是饥寒交迫，无路可走。张士诚贩盐起家，是一个成功的商人，天下大乱时，怀着称王天下的雄心，起兵反元，要做桩特大的买卖。造反的成果，一度也令他自己都感到欢欣鼓舞：1355年，张士诚建都平江（苏州）。1363年，自立为吴王。带什么团队创业，也没带军队来钱快啊！

张士诚起手这么顺利，绝非因为他是一个商人，有钱招人拉队伍。起兵时早年积累的那些资本，早已作为军饷花得无影无踪。乱世当兵，混的就是一口饭。没钱还带人造反，早被自己的人给反了。张士诚打仗不愁钱，与他的地盘有着直接的关联。江南富裕，朝廷的税不好收，但造反经费要起来就容易些：关系不好的，拿刀去砍，天下哪有真要钱不要命的人；关系好的，主动送上门，就当是朋友间的礼尚往来。换个老百姓都不能活的地方，造反也是非常困难的——人家确实没有钱，就算拿刀去砍，除了死人流血，钱也不会血一样地流出来，热闹一阵子往往也就自生自灭了。

沈万三那是何等聪明啊！与盐贩出身的张士诚早有过商业业务往来，沈万三商业诚信历来很好，张士诚对他本没有恶意。他不用张士诚派人来要，"朋友"

的队伍缺钱花，沈万三早主动送来了。在张士诚雄心创业的始终，沈万三与他都是朋友，张士诚造他的反，沈万三经他的商，造反要花钱，经商能赚钱，一个就当是提供安保服务，一个就当是上交服务费用，无论白道还是黑道的特权，对财富都是一根魔杖。

张士诚除了坚强的经济后盾，人才资源也相对充裕。自宋代开始，国家的经济、文化中心就已移至江南。起事之初，后来写出流行小说《三国演义》的施耐庵、罗贯中，即投奔到他的帐下，幕府作宾。不过，这些文学青年眼高手低，纸上写起造反来头头是道，真干起造反的活来纯属纸上谈兵，张士诚也不拿他们当作回事，他们也不好意思混下去，先后去了别处，没有像沈万三那种韧劲，与张士诚精诚合作，坚持到底。而这些，对同行业竞争的朱元璋来说，该是怎样的羡慕嫉妒恨啊！

张士诚造反沈万三生意兴隆，朱元璋造反沈万三则被害得不轻。元至正十七年（1357年），朱元璋率部打下常州，把张士诚的弟弟张士德给活捉了。张士诚赶紧"捞人"，沈万三狠狠地砸了一笔钱，找人为张士德具保，办理出狱手续。但朱元璋做事够绝，竟把张士德给杀了。沈万三的银子虽然白花了，但与张士诚的关系更铁了。

比朱元璋更可恨的，还是蒙元朝廷。张士诚造反最终不成功，主要是地方选得太好。太好，"辩证法"的观点就意味着有太坏的一面——江南，整个朝廷就靠这块宝地过日子，你把它据为己有，朝廷的日子还怎么过？所以，在众多造反者中，张士诚是挨政府拳头最狠的一个。换个角度说，张士诚拼命闹，又等于给别处的造反兄弟帮忙。这一点，朱元璋很清楚，所以张士诚称王时，他一心埋头干实事，不称王显摆，也不随便到张士诚的地盘寻点便宜。

切断元朝的经济命脉，张士诚啃的其实是一块骨头，根本就不是一块肥肉。凡要人性命，必招人死拼。群雄乱战，张士诚又处在了朱元璋、方国珍和元军三方夹击之下。面对巨大压力，张士诚只好投降朝廷，当了个太尉。做出这等抉择，对张士诚来说显然有点无可奈何，对沈万三来说则是利益倍增——过去生意场上只有黑道保护，现在黑道、白道全齐了。

随着张士诚的变身，沈万三又名正言顺地用上了朝廷的优惠政策，干起了海上贸易。沈万三的两个儿子沈茂、沈旺便为张士诚督运漕粮，响当当地做了官方生意。沈万三于元末迅速暴富，主要集中在这个时期。

这个时候的张士诚其实也有风光的一面：脱"匪"为"官"，身份体面，又重兵在握。特别值得一提的是，元至正十九年（1359年），朝廷还派出使者莅临张士诚的驻地，张士诚在隆平府（苏州）举行隆重宴会，招待朝廷使臣伯颜。

这一次，沈万三接受了一个光荣而神圣的任务，就是为张士诚造一座"纪功碑"，扩大张士诚的社会影响，并流传后世。

做生意沈万三是强项，搞艺术他就有点勉为其难了，但他弄得非常出色：这座保留至今的"张士诚纪功碑"，高达三米，有一百一十八个浮雕人物，人物层次分明，最上方为朝中侍女，二层的正殿正中端坐着张士诚，三层的偏殿为朝中大臣，底层则是身穿铠甲的护卫官兵。沈万三的艺术天赋，是将使臣伯颜处理成一个小人物，居下方作陪：张士诚不是降将，也不是降臣，而是俨然面南背北的王者！

"纪功碑"的树立，说明张士诚对此很满意，沈万三对张士诚的内心把握也很准确——这个时候的沈万三，已经熟悉了官场，精于政事，出色的商家已炼成了玩政治的行家里手。

沈万三花钱为张士诚涂脂抹粉，也不能说就是富人软骨头。在凭拳头说话的时代，一切取决于拳头的大小，更何况自己与张士诚利益相关。那阵子的张士诚，也确实需要表现与享受，因为有的是实力，即便是后来的明太祖，对他也是低声下气。元至正十六年（1356年），张士诚一路攻陷平江（苏州）、湖州、松江、常州，然后盘坐在隆平府（苏州）大殿里。朱元璋派人送信说：您在姑苏（苏州）称王，俺十分仰慕，俺每（俺们）睦邻友好，一起创业吧……

张士诚呢？根本就不搭理。做的一桩事，是把使者扣了。

但是，天下大势，急转直下。元朝气数将近时，朱元璋帝王之路上只剩下两大敌手：楚为陈友谅，吴为张士诚。这两大宿敌，谁都不好惹："友谅最桀，士诚最富。"朱元璋的雄才大略，在于他吃透了陈、张：陈敢作敢为，张贯于自保。攻张，陈必出手；攻陈，张不敢趁火打劫。和气生财，那也是商家的一条古训。所以，朱元璋果断攻陈，而张果然作壁上观，然后成为陈友谅第二。

时势就是这么作弄人，元至正二十七年（1367年），解决了陈友谅，朱元璋的人马如期而至，大军东进，攻破平江城。彻底失败的张士诚，放火烧死家人，然后投环自尽。结果，运气太差，没有死成，硬是被朱元璋的手下给活活生擒了。

在应天府（南京），朱元璋准备劝降张士诚。泰山不让土壤故能成其大，河海不择细流故能就其深，能用上的东西，为什么不用呢？朱元璋小时没念过这段话，大了他自动明白了这个道理。大业未成，或是出于统战的需要，或是出于降伏对手的心理满足——将"天子"收到手下当差，马斯洛的层次需求理论，肯定还要再添一层。

但是，张士诚的回答就是这么添晦气："天日照尔不照我！"意思是说：你有什么了不起啊，无非运气好点而已……

张士诚的回答，为自己的人生画上了句号，似乎也为自己找到了心理平衡，但无疑挑起了朱元璋的莫大恨意：他就是不给张士诚痛快而体面的一刀，而是倒垃圾一样地让人找了个破筐，装着张士诚，抬至竺桥，招人围观，然后主子打家奴一样地狂打，一棍，再一棍，直到张士诚魂飞魄散。

要说恨，朱元璋何止是独恨张士诚一个。多年以后，一统天下的朱元璋，对撑起张士诚的江南，也是恨意未消。为了泄愤，朱元璋对苏、松、嘉、湖等江南地区，课以重税。

现在，张士诚的难题算是一了百了，沈万三的难题则应运而生。张士诚割据江南的十四年里，沈万三捞足了好处。当然，沈万三对张士诚的财力支持也是难以计数的。这一点，让张士诚在自己的地盘免于搜刮，从而获得地方豪强的拥护与民众的支持，同样让朱元璋非常头痛。但是，凭拳头说话的时代，民心并不是决定因素。张士诚最终为朱元璋所败，这时的沈万三又做了一件事：收留了张士诚后人。

有一种传说，沈万三获得"聚宝盆"，是因为他给一批青蛙放生。这个传说可以信一回，因为这符合沈万三的为人与品性。这次他救的是一批人，沈万三能不能再得一只"聚宝盆"呢？

三、新朝旧主

只有沈万三最清楚，真正的"聚宝盆"是权力。有权力的庇护，才有财富的几何级膨胀。朱元璋问鼎天下，顶级的权力首先关注的是宏观财富，而不是江南一隅的沈万三。元至正二十七年（1367年）十月，也就是朱元璋正式称帝的前夕，即迁一批江南富户至临濠（凤阳）。不久，再迁十四万富民去凤阳建设中都，沈万三之婿顾学文榜上有名，沈万三紧张了。

为保住万贯家产，沈万三自然想到再次攀结权力。对待已然帝王的朱元璋，沈万三显示出他作为商人的精明。好在新当家的朱元璋，钱缺得厉害，对送钱的人来者不拒。此时的沈万三，也以为找到了感觉：改天换地，新朝旧主，如此而已。钱与权，什么时候分过家呢？

《吴江县志》记载：洪武初年，沈氏家族献给朝廷有白金二千锭、黄金三百斤，建南京廊房一千六百五十四楹、酒楼四座……费巨万万计。

洪武二年（1369年），朱元璋开始筑城墙，沈万三奉命筑洪武门到水西门一段城墙，以聚宝门（今中华门）工程最为宏大。

由于秦淮河的横贯，以明初的技术条件，聚宝门城墙工程施工难度客观上太大，屡建屡塌，几乎烂尾。传说沈万三埋下"聚宝盆"，城墙基础才成功施工。要说这"聚宝盆"，设计上也没有这种功能呀，怎么还能在土木工程中见神效呢？

看似舍宝筑城，这其中的奥妙可想而知：为了国家的重点工程建设，沈万三下了怎样的决心！发家致富的命根子都不要，银子的事谁都别提了。

洪武六年（1373年），沈氏家族出资兴建的城墙全部完工，工程量约占总量的三分之一。既然社会上都知道"聚宝盆"没了，沈万三应该更清楚，实际上是自己的腰包已掏得差不多了。

作为世间挣钱的高手，始终不失挣钱的自信。修完城墙的沈万三，心情并没有太多的沮丧——洪武初年，鉴于沈万三的突出贡献，其子沈茂、沈旺被朱元璋**赐**授为"广积库提举""户部员外郎"。官大官小是一回事，身份变了才是关键，地位也是金钱，同时也验证了有投资就有收益的真理。

新的社会，新的希望，沈万三的心情豁然豪迈起来——改朝换代，升官发财，几乎奋斗一生的沈万三，褶皱的额头闪动着亮色。明洪武三年（1370年）沈万三举家迁居南京，府址约在马道街，旧业只留入赘的孙女婿周篪打理，自己在京城过起了奢华的生活。

京城中的沈府，着实比较伤普通人的自尊：围墙即有三道，外层高六尺，中、内层皆三尺。奇怪的是三尺高的围墙也要修六尺宽，原来人家墙上要种珍贵的花木。花木品种齐全，"春则丽春、玉簪，夏则山矾、石菊，秋则芙蓉、水仙，冬则香兰、金盏"，保证四季花开艳冶，取名"绣垣"。墙内奇石为山，池养金鱼，亭台楼阁，小桥流水，俨若仙区胜境。沈家人居住的楼宇，栏杆皆以金银、宝石装饰，四角悬挂的是琉璃灯。沈府的室内、室外娱乐设施齐全，可供十数歌姬舞女表演，还是"温室"，具有"中央空调"效果。

寝室中，用的是貂皮被子，蜀锦枕头，没有一样不是顶级配置。沈家所用的器皿至少也是金银，桌布用的是真丝，搁筷子的则是羊脂玉筷枕。沈家有一把酒壶是玛瑙的，通体透明，宛如水晶，壶上有葡萄与蔓枝，如同水墨画，纯属天然，但并不是画上去的，至于怎么生得这般奇巧，没有人知道。沈家人的穿戴就不必说了，因为他们家的僮仆穿的都是绫罗绸缎。

沈万三富极一时，他的弟弟沈贵曾写诗劝他："锦衣玉食非为福，檀板金樽亦可休。何事百年长久计，瓦盆载酒木棉裘。"一语成谶，这种日子沈万三果然没有维持太久。

四、犒军事件

修城墙已出了巨资，日子还过得这么滋润，沈万三"隆重"进入了朱元璋的鹰眼。

据董谷《碧里杂存》记载，这一日朱元璋找来了沈万三，交给他一枚铜钱，说你理财有方，这文钱你去为我放债，一月为限，每日收取"一对合"。

"一对合"，就是每天利息是100％，利滚利。管家替沈万三算了半晌，天呀——到期本息是五亿四！

沈万三眉头皱都不皱，给了。这不是大款扔几个亿小钱将人砸死，而是沈万三心里怕了——太祖从他这里挣点"利息"，已经是皇恩浩荡了。

明太祖朱元璋是一个操控权力的高手，问鼎权力顶峰的他在老家留下了四个字"万世根本"，而不是秦始皇式的"万世基业"，前者的内涵远远超出了后者。"万世根本"也不尽指自家祖坟那底下的故人，而是包含地面活着的普通人。对这些底层的平民，朱元璋有着出自亲身体验基础上的理解与同情——这是关乎权力安危的庞大群体，并且处于财富大佬沈万三的对面。在朱元璋的眼里，财富的集中无疑危及自己的"万世根本"。而让朱元璋难堪的是，"万世根本"的老家并不给皇帝面子——洪武年间，《凤阳歌》风行大江南北：说凤阳，道凤阳，手打花鼓咚咚响，凤阳真是好地方，赤龙升天金凤翔，数数天上多少星，点点凤阳多少将。说凤阳，道凤阳，手打花鼓咚咚响，凤阳真是好地方，皇恩四季都浩荡，不服徭役不纳粮，淮河两岸喜洋洋。

中都凤阳，太祖老家，首先唱响的居然是这样一首《凤阳歌》。唱《凤阳歌》

的多是乞丐，而"乞丐"之中居然还有富翁。其实，这并不稀奇，朱元璋坐上龙椅，便强迁江南巨户到凤阳府。这不是太祖关心家乡建设，报复江南富户曾支持政敌也只是一个方面。在太祖的眼里，财富意味着势力，也是自己权力的威胁。一个分散的小农社会，有益于朱家的社稷江山。"打土豪分田地"，百姓有日子过，谁愿意不要命跟皇帝过不去？

但是，江南的富户就惨了。他们聚集中都，原有的土地被剥夺。由于超强度的移民，凤阳地区人口激增，灾荒也不少，这些迁徙的江南巨户，长年返乡梦不断。虽说那里已经物是人非，但有梦总比没梦好，何况人是有情感的。朱元璋乐意吗？严禁他们离开。所以，人急了办法就多：他们假扮卖艺人，打鼓唱曲，顺便解决食宿问题，为的就是离开凤阳——唱着《凤阳歌》溜出中都的，夹杂着改头换面的昔日有钱人！

朱元璋没有让沈万三走向陌生的异乡，但成熟的商人是敏锐的。当沈万三跟着听到街头的《凤阳歌》时，他的音乐慧根顿时大开，彻底明白过来——应该再一次拯救自己了！

保险绳是什么呢？钱！沈家，也只有钱，还算个能出手的东西。现在，京城南京，城墙坚固，是铁打的江山。实在找不出皇上的稀罕物，那就替皇上打造一支王牌军队吧！练军，拉一支队伍，不合适，太危险。沈万三思来想去：那就再挤点钱，犒劳他们吧。

这一次，朱元璋的反应非常平淡：你们有的是钱，可知道俺究竟有多少兵马？

这个，沈万三确实没想过，但必须支撑下去：每人犒劳一两银子，应该还是行的……

沈万三的过度热情，让朱元璋醍醐灌顶。太祖打量着眼前的沈万三，一个"敌人"的轮廓，在朱皇帝的脑海里彻底清晰了——

"百花发时我不发，我若发时都吓杀。要与西风战一场，遍身穿就黄金甲。"早年的太祖，敌手太多，无法分辨，犹如西风，横扫水面，但太祖有的就是不含糊。元至正二十三年（1363年），陈友谅的六十万大军于鄱阳湖灰飞烟灭。

顺我则友，逆我则敌，太祖就是这么敌我分明。消灭了陈友谅，敌人渐少，也渐明晰，那就是江南："杀尽江南百万兵，腰间宝剑血犹腥！老僧不识英雄汉，只管哓哓问姓名。"哓哓啥？拿下了张士诚，这就乾坤已定……

太祖的诗，烟熏火燎，泥沙俱下，字里行间的明显血污，漫过敌手，最终写成太祖的英豪。太祖的诗"雄深宏伟"，意象鲜明，恨谁打谁，想到的，也就写下了。事实上，太祖正是这么不断地发现敌人，然后，消灭之！

沈万三，两朝的生意做得多，《明太祖集》读得少，根本不明白太祖的忌讳所在。大元朝，张士诚……不搭界的影子来回晃动。他们在哪？载舟覆舟，万民是水，恶人是浪，大明朝的江山社稷，那得旦夕提防。现在，沈万三没揣摩出太祖的心思，反惹出太祖的心思，几乎是自露马脚。"犒军"？他觊觎的是什么？太祖翻脸了：杀！

《明史》载："吴兴富民沈秀者，助筑都城三之一，又请犒军，帝怒曰：'匹夫犒天子之军，此乱民也，宜诛之。'后曰：'其富敌国，民自不祥，不祥之民，天将灾之，陛下何诛焉？'乃释秀，戍云南。"

沈万三躲过杀头的噩运，貌似出自马皇后的求情，其实朱元璋要剪除的，重在权力威胁，不单单是沈万三式的生命个体。

"朕本农夫，深知民间疾苦。"朱元璋起自贫寒，基于自己的切身感受，视豪强大户为地方之恶，社稷之害。在文明与财富的关联面前，太祖以自卑支起自信，不自信，则刀砍之。当他登上权力的巅峰，便不断与底层联手，挤压中间富民（官绅），建立起皇权、中间层与底层之间的稳定三角。

史料显示，明初移民规模空前：江南富户及无地农户，山西北部和内蒙古的边民，山东、江西等地农户，迁凤阳；各地官吏、富户、工匠、军户，迁南京；塞外降卒或俘获的蒙古军民，迁北方各地；设立卫、所，军户有迁云南、甘肃等地……非军事移民七百万，总移民一千余万。移民原因十分复杂，强推手段也层出不穷：既有允许百姓垦荒田为己业、免徭役和赋税等政策优惠的引导，更有无端加罪夺其田产、充军流放的黑恶手段。只要有利于皇权的稳固，朱元璋无所不用其极。在他感到潜在的威胁时，最先将中间层视为"假想敌"。沈万三的不幸，就是早早地成为了太祖的靶垛。

风烛残年的沈万三，就此走上充军之路，成为又一个富人、穷人多部轮唱的《凤阳歌》传承人。

五、没有结局的背影

通俗地讲，不为文臣窃取，不为武将劫掠，不为富绅掏空，这就是明太祖朱元璋的权力安全观。朱元璋与沈万三的交集，其实都是权力与财富冲撞的标本。

太祖起自布衣，对危机的警觉与应对，习惯于简略地归于敌我。出于防患于未然的考虑，"假想敌"的影子在太祖的脑海中总是不时涌现，然后"被消失"。不断挨揍的沈万三，充当着太祖逻辑的演绎。这种推演，既似是而非，又简单深刻：沈万三早年与政敌联手，唯利是图的商海，他势必将机谋置于目的之下。正面的背面呢？对其背面的猜测，太祖有失分寸在所难免。只是沈万三的背面表露太少，其结局凄凉又赢得善良者的广泛同情。

沈万三的背面会是什么？历史没有关注到这个匆匆而去的人，只将他的背影描成了阴影。沈万三何时故去，除了族谱并无确切的史料。随着沈万三的故去，他的标本意义依旧附会于这个家族，这个阶层，这种现象，抑或延伸。在确凿的史实中，沈万三的子孙确实已难以圈点：败坏法度，为害乡邻，一步一步为社会所不容。纪纲是明代的一个"奸佞"，沈万三之孙沈文度（《明史》作"其子"）即与之勾结，欺男霸女，欺行霸市，鱼肉百姓。这个家族的是是非非，最终归并到"沈万三"这个"替身"上。

对于财富高度集中的危害性，现代社会学理论有着更深刻的表述。但在传统社会中，则简略为"敌人"。显现的是战场敌，潜在的是假想敌。作为"假想敌"，这样的"沈万三"，朱元璋注定是要斩尽杀绝。

洪武二十六年（1393年），"明初四大案"的"蓝玉案"发，朱元璋对"假想敌"的猜想，再一次被引爆。

蓝玉，朱元璋争霸天下与开疆拓土时的一柄利剑。"利剑"，指向敌人时是人才的可用性；"利剑"，指向自己时便是宿敌的威胁。这个蓝玉，也确实是个始终不安分的人：领军凯旋时可以打破关门，军中擅权独断专行，对太祖也时常出语傲慢……够了，威胁皇权，你便是敌手！当有人告蓝玉谋反，朱元璋未加思索，迅速出手，蓝玉连同一万余党，尽行诛灭。

《明史》对蓝玉不失感慨："元功宿将，相继尽矣！"《明史》作为正史，又并非字字珠玑，很多时候像是外行写内行。太祖眼里的蓝玉，最终最准确的表述应该是："元凶宿敌，相继尽矣！"但千人的明史馆，就是没弄明白一个朱元璋，只用准了一个词：相继。

"相继"，就是"举一反三"，不头痛医头，脚痛医脚，达到标本兼治。更况"出于不得已，而非以剪除为私计"。而彻底剪除蓝玉的枝节与下线，就不能不包括与之确有关联的沈氏家族。

沈万三家族与"蓝玉案"关联，缘于沈万三之婿顾学文。顾学文的故事与《金瓶梅》的情节颇有相似之处，但不知顾学文是不是西门庆的文学原型——《弘治吴江志》记下的情节颇为生动：入赘沈家的顾学文，看上了街坊少妇梁氏，其长相大约如同潘金莲。梁氏的丈夫陈某，长得不比武大差，智力则比武大还低一截——"呆憨"。陈某的父亲官比武二稍大一点，从九品，再小也就不能叫官了。这位官人是洪武朝的序班，也就是在鸿胪寺上班，具体办办会务，安排吃喝等。

顾学文兼任地方的粮长，舟行往来常停泊梁氏的楼下，他有时唱唱曲子，有时假装上洗手间，如此反复，与梁氏终于熟悉了。怎么引开人家的老公呢？花钱叫人让陈公子喝酒、打牌。好在陈公子智商低，这两招明显见效。接下来就是要找一个"王婆"式的人物穿针引线，这也很容易。顾学文与梁氏的好事，就这么成了。

恽哥这个角色是陈序班的哥哥陈缩头，他吃的盐比恽哥多，处理问题自然比恽哥厉害：陈缩头抓住了顾学文与梁氏的往来物证，打捆寄给了当序班的弟弟。序班这个恨啊！但生气归生气，人家是个有钱人，也不是多重大的杀人越货刑事案件，还能把人家怎么地？

陈序班毕竟是个官场老手，没啥权，但有见识。"蓝玉案"发，陈序班笑了。有一天恰好为朱元璋近身服务，陈序班面奏太祖："臣本县二十九都正粮长顾学文出备钱粮，通蓝谋逆！"

朱元璋斜睨了一眼：磨蹭什么？抓啊！

从听取口头汇报，到最终拍板决策，一瞬间。

皇上要抓人，那也太容易了。顾学文父子三人，老丈人家的六人，还有顺便搭进来的，八十余人悉数归案。再从重从快，全部杀头……

仅仅一个偷情案，办成一个政治谋反案，朱元璋这么冲动？貌似随心所欲，其实深思熟虑！沈家是不是掺乎到谋反，这不重要。重要的是沈家与蓝玉早有交集，且有人报告。蓝玉本人，也曾数次向朱元璋推荐自己家的教书先生王行，朱元璋也是面见过的。王行曾两次在沈家任门馆先生，与沈家的交往有三十年。这么一个中间人，一头有权，一头有钱，权钱之间勾肩搭背，不正是潜伏的宿敌吗？

自明洪武六年（1373年）前后的"犒军"事件，到洪武十九年（1386年）因田赋被人告发，沈万三两个孙子入狱。到"蓝玉案"发，沈家已是搭进去十余条人命。前后二十年，沈氏家族遭受朱明王朝三次沉重打击，不衰落，太难了。太祖呢？他不果断出手，"聚宝盆"里生出什么东西来，"摇钱树"上又落下什么怪物，晚上断断是睡不着的。

朱元璋决心铲除以蓝玉为首的武功集团，看准的正是其职务所在，以及上上下下派生出的盘根错节。其意图在于诛杀潜在的异己势力，而沈家误把冰山当作靠山，覆巢之下，岂有完卵……

六百年过去，沈万三为周庄留下了一块旅游招牌，激起无数过客羡慕的眼神。但在明代，沈氏家族不光有巨富的光环，还有无尽的耻辱，还有恶。明《大诰》为明太祖钦定，法律地位高于《大明律》，累计印制数千万册，以国家力量强力推行，全国臣民户有一册，为中国法制史上空前普及的一部法律。《大诰三编》中的"陆和仲"，即沈万三婿陆仲和，又因涉"胡惟庸案"而"身亡家破"，其子弟诛夷殆尽，只一幼孙幸存。大明的臣民，没有人不知道这个反面典型！

苏洵曰："赂权而力亏，破灭之道也。"权与利，有着共同的欲望冲动，这是肯定的。封建专制制度下，作为商人的沈万三，明哲保身，行止"在商言商"的公共表达，或是一种理性的选择，只是做到太难。正义的视角下，选择明哲保身，貌似深刻，实流于肤浅，因为这个前提需要社会静止，阶层固化。士农工商，四民之末，富人与财富的如此定性，亦非太祖一人。令史家扼腕，散发出悲凉。这种悲凉，又恰似中国积贫、积弱的滥觞。中国历史上，历史事件汗牛充栋，但朱元璋始终锁定沈万三及其家族，《明史》里不断提及沈万三（沈秀），看准的都是他的标本意义——沈万三，标志着一个家族，一个阶层，标志着抽象的资本对现实权力的威胁。当权力意识到这个"假想敌"时，势必将之碾成齑粉。

沈万三归根结底只是元末明初的一个民间商人，《明史》等正史不可能专门为他立传，但好歹有"传说"为其在后世留了个名。而所谓"传说"，不过是对历史最冷血的补偿……

※ 刘三吾：知识分子的实用功能 ※

明初的知识分子命运多舛，高启因诗"小犬隔花空吠影，夜深宫禁有谁来"被腰斩，陈养浩因诗"城南有安妇，夜夜哭征夫"被溺死……其实，这些都是稗官野史的说法。所谓明太祖朱元璋时代的"文字狱"，正史中基本找不出实据。新朝百废待举，考虑到知识分子的有用性，朱元璋曾不择手段地收罗文人。刘三吾因此入朝为官，竟也差一点人头落地，这究竟是因为什么？

一、田园归来

刘三吾（1313—1400），名昆孙，字三吾，号坦翁，湖南茶陵人。

刘三吾出生于典型的知识分子家庭，祖父、父亲都是元末知名的文人，父亲刘平野曾担任元朝的翰林学士。两个哥哥也在元朝为官，可惜身逢元末乱世，不幸为匪寇所杀。为避寇乱，刘三吾去了广西教书为业，因为有学问、人品好，被举拔为靖江道的儒学副提举，相当于桂林市的教育局副局长。洪武元年，明军攻克广西，刘三吾随之返回故里。社会开始安定下来，刘三吾年届六旬且生性恬淡，暑则豆棚瓜架，寒则地炉活火，晚饭杯酒，促膝言欢，感到了满足。

现实中的诗酒田园，总是短暂的。平定四海，收揽英雄；治国安邦，求贤若渴。朱元璋宏图大业的转型，亟需巨量的知识分子承担官府事务，于是"寻人启事"贴满乡野街巷。地方官府的差人，时常手里拎着钱袋子走街串巷，遇上识字的人，谈好价钱，便一手交钱一手带人，让他们前去官衙听用。这种"求贤"，由于需求量太大，也作为硬任务分配给朝廷重臣。丞相徐达是个粗人，什么叫知识分子基本上都不明白，为了完成任务，见到识字的都抓，有不愿意的干脆绑起来送到京城，为此还受到了朱元璋的一顿批评。

作为知识分子，多少有些思想，有些见识，有些对时局的判断，新朝的这种"求贤"，并非一呼百应，回避或干脆拒绝的也不在少数。江西贵溪的夏伯启叔侄，对新朝的认识不到位，为了不出来当官为差，竟然自残，砍掉了自己的手指。这对叔侄被押到京城，朱元璋亲自将他们训斥了一通：生下你们的叫父母，有难救你一命的叫再生父母！现在天下太平，你们享受太平，我就是你们的再生父母！不为再生父母效力，要你每（你们）何用？

夏伯启叔侄被骂得心悦诚服，最后高高兴兴地接受了杀头。

较之于普通的知识分子，刘三吾与其显然不在一个层面。洪武十八年（1385年），朝廷需要特殊人才，通政使茹瑺举荐了刘三吾。

茹瑺，衡山人。明太祖朱元璋有天梦见"南岳神"来辅佐自己，第二天视察国子监，正好遇见太学生茹瑺，朱元璋大吃一惊：这小伙子跟"南岳神"长得一模一样！一问，居然还是"南岳衡山人"。朱元璋大喜过望，说你别去考试了，直接去当承敕郎，很快又将其提拔为通政司使。

衡山距茶陵不远，茹瑺与刘三吾一个是朝廷命官，一个是乡野文人，刘三吾不知道茹瑺，茹瑺却对刘三吾如雷贯耳，因为刘家在地方上实在是太有名了。

这一年，刘三吾已经七十三岁。明朝能活七十岁的人实在稀罕，所以地方官府通常给这些"寿星"发点"政府补贴"，他们死后还可以有几寸长的"传略"，载入地方志"耆宿传"。

七十多岁的人入朝，是茹瑺为了糊差事，还是这个人想混口饭吃？朱元璋感到很奇怪，决定抽时间当面见识见识。倘若有了差错，茹瑺与刘三吾的麻烦那都大了。

二、一言之失被"退休"

朱元璋本来想见识一下刘老头就算了，但见到刘三吾后主意又改了。刘三吾知识面太广，朱元璋想问的他都知道。更重要的是刘三吾身体特好，脑子清晰，干力气活都行。朱元璋情不自禁地与刘三吾谈了几个时辰，大有相见恨晚之感，当场决定留刘三吾吃饭，自己酒都比平时多喝了几杯，给了刘三吾一个左春坊左赞善，接着又让他做了翰林学士。朱元璋同时表扬了茹瑺，后来将其晋升为兵部尚书、吏部尚书，还写了个"中流砥柱"的字幅让茹瑺拿回家挂着。

刘三吾入朝后的工作一点都不轻松，因为新朝的治理难点旨在规范化，不能再像"创业"时期，头目一发话，大家就操起家伙把对方的城墙给拆了。刘三吾担负着教朱元璋三子晋王朱棡读书的任务，还要为朝廷制作大量公文，这种活普通知识分子也确实干不了。还有，倘若哪位王公去世，朝廷需要赏个碑文什么的，都得刘三吾执笔。特别是这个东西，人家的后人少则也得留个几百年，每个字都得讲究。

当然，饱学的刘三吾知识主要是应用在朝廷的典章、制度上，《存心灵》《省躬录》《礼制集要》《寰宇通志》等御用典籍，都由他主纂。单是这几本书，一般的知识分子都读不了，何况是写。其中有几种，刘基那么神通广大，也都没办法完成。刘三吾的学问加严谨，从来不出错。

帝制《大诰》，是明初最重要的"大明法典"，普及率比《圣经》还高，老百姓家里几乎是一户一册。明初的中国，基本上是个文盲大国，但老百姓一字不识没有关系，朱元璋领导文化工作是弱项，领导文盲工作是强项，他让全国的村庄村口都建两个亭子："申明亭"与"旌善亭"。前者张贴朝廷文告，公布本地的坏人坏事，后者则用来宣传好人好事。亭子里面会有个读书人，免费给你讲《大诰》。但要牢记一条，家里必须有一本《大诰》！因为万一哪天家人犯事了，有它可以罪减一等，没有就会罪加一等。

《大诰》的帝制，其实是朱元璋的口谕，也就是他听完案情汇报后，做个口头评点，刘三吾及相关文人将"最高指示"整理出来。整理时需要做技术处理，比方说皇帝评点时发出个语气词"嗷"，那得换成"嗯"什么的，否则给皇上造成精神损失，责任就转换到这帮知识分子头上了。

文字是刘三吾的，意思是朱元璋的，这一点刘三吾处理得很好。洪武十八年，同州人王权考中了进士，因为和朱元璋的第十七子朱权同名，朱元璋将他的名字改成王朴。钦赐佳名，王朴经常拿出来炫耀，事实上朱元璋对他确实不错，让其做了吏科给事中。科道官是皇帝直接领导的，王朴经常与朱元璋见面。有一次王朴逮着朱元璋的错误，便站出来与皇帝较真，朱元璋一生气，就把王朴赶回家了。

其实王朴没有错，所以朱元璋气消了之后便召回了王朴，并把他升为御史。朱元璋召回王朴，目的是让他好好做事，不是要他在自己身上挑刺。王朴则完全误会了皇上的意思，认为敢于直谏就是自己尽职，最后都能得到相应的好处。王朴回来后连夜起草了一篇"时事评论"，朱元璋见后大为光火，要把王朴推出去杀了。过了一会，朱元璋气又没了，派人追上王朴，说倘若承认错误、改正缺点，可以从轻处理。王朴这回又错误地总结了经验，认为又是一次升官的机会，毫不犹豫地将筹码押在当"谏臣"上，这就没救了。

一看是真杀，王朴慌了。路过史馆时，王朴冲着刘三吾大喊："学士刘三吾志之——某年月日，皇帝杀无罪御史朴也！"

刘三吾当然听见了，但怎能真的这么写呢？后来，官民们见到《大诰》中"死罪进士"条文字是这样的："王朴，任监察御史。一次为水灾受赃一百贯，戴绞罪还职；一次为奸顽诽谤不办事，处决。"

御用文人，关键是体现知识的应用功能。刘三吾厚道，人品好，但不是什么事都要逆着皇上干。刘三吾后来在《大诰后序》中说了段意味深长的话，大意是说：皇上励精图治，忙得连吃饭的时间都没有。言外之意，大概是讲作为皇帝，忙中出错是在所难免。点评王朴案，文中最精彩的一句话便是"何尤乎人"！刘三吾告诫官员们，《大诰》中被当作反面典型的这些人，罪有应得也好，冤深似海也罢，都有咎由自取的一面，不要怨恨别人！

朱元璋信赖、赏识刘三吾，也并非因为刘三吾的处事风格，而是没有刘三吾这样的学识与智商，换了他人，根本没法适应。有一次，地方官送来一捆庄稼，这要是让徐达过来看，"老首长"瞧个半天，最后一准会说：这不是畜粪浇得多，谷穗长得大吗？

但刘三吾一眼就看出来了：这叫"嘉禾之祥"，祥瑞之物，周成王时出现过。只有明君再世，天下太平，才会天降祥瑞。然后，刘三吾安排人记到史书，还安排画师写生存档。这不叫拍马屁，古代通常都这么处理。况且，领导也需要增强信心，需要鼓励。

后来，南京上空又出现了一次五彩云。这种瞬息万变的东西，刘三吾也及时发现了，并且做了类似的解释，类似的处理。

朱元璋杀人甚多，后人称其为变态。这个，没有医疗档案，不好定论，但心理压力他肯定是有的。心情不好，脾气就差，人的本能都是差不多的。心理疗法毕竟也是科学，刘三吾的工作就是在完成任务的同时，还能让朱元璋有个好心情，这是各级干部的好事，老百姓的好事，等于是国家的好事。

有一年的夏天，朱元璋办公结束，特意找来刘三吾。朱元璋兴致勃勃地说：朕每观天象，自洪武初有黑气凝于奎璧，今年春暮其气始消，文运当兴。尔等宜考古证今，有所述作，以称朕意。

刘三吾为此迅速写了一首诗，朱元璋跟着和了一首。痛快啊！朱元璋高兴地赏给刘三吾一支笔，还是朝鲜进口的。

都这一把年纪了，工作尽心尽力到这份上，够不容易了。但刘三吾还是被吏部侍郎侯庸弹劾了一次，说他"怠职"。这些年轻干部也不想想，都跟你爷爷一辈的人了，还跟你一样上班下班，偶尔迟到早退，上班时间打个瞌睡，容易吗？

朱元璋很公正，处分要给，但很快取消了。

刘三吾对明朝的贡献，还很微妙，几乎改变了明朝的格局。洪武二十五年（1392年），太子朱标不幸逝世。悲痛之后，朱元璋不得不将议立太子之事提上议事日程。在众官面前，朱元璋先讲了个意见：燕王英武似朕，立之何如？

但这是个很大的难题。燕王朱棣，只是朱元璋的第四个儿子。朱标死了，排在他前面的，至少还有秦王朱樉、晋王朱棡两个。而这时皇室诸王多拥有重兵，觊觎皇位的，并不是朱棣一个。立储本是大事，现在又不按规则出牌，给不出合理的解释，诸王不服，内乱都会有的。

太敏感就不能妄议，有主意、没主意的百官，谁都不敢开口。刘三吾挺身走过来，对朱元璋劝了一句：立了燕王，置秦、晋二王何地？

朱元璋听后，一句话都没有，大哭一声，离开了大殿。

纠结啊！但也实在没有好办法。最后，按照礼制，立了皇太子朱标之子朱允炆为皇太孙。

如果没有刘三吾那一句话，朱棣很可能就是太子，那就没有建文帝，就没有"靖难之役"，就没有郑和下西洋……但是，历史没有"如果"。

睚眦必报的朱元璋，一口气出不来找了赵勉的茬。

赵勉，湖广夷陵（今宜昌）人，洪武十八年进士，后娶刘三吾之女为妻。老岳丈皇帝器重，赵勉官场直升，洪武二十二年晋刑部尚书，洪武二十三年迁户部尚书。但议立太子事件后不过半年，朱元璋就认为他们夫妇共同贪污，将二人给杀了。女儿、女婿死了，刘三吾也被降职。刘三吾心冷了，要求辞职，朱元璋同意他退休回家。

"八十还乡能有几，当时画锦亦堪夸。"颐养天年，比起丢脑袋，结局也算不错。但回家没多久，朱元璋又将他召还朝廷，官复原职。一件用熟了的工具，朱元璋舍不得啊！

但这一次复出，刘三吾预想不到的祸事来了……

三、官复原职

洪武三十年（1397年）春天，朱元璋交给刘三吾一项光荣而神圣的任务：主持明朝开国以来的第九次科举考试。

这一年，刘三吾85岁。

刘三吾主持的是会试。明代的科举考试，考生先在县、府考试，考中的即为秀才。取得秀才资格，再到省里参加乡试，被录取的即所谓举人。秀才与举人都有相应的经济待遇，举人也可以被安排做官。

有了举人的资格，即可进京城参加会试。中了，再进宫殿，参加皇帝亲自主考的殿试。殿试成绩分成三甲：第一甲，三名，分别称状元、榜眼、探花；第二甲，不到十名，赐进士出身；第三甲，名额不等（每科少则几十，多则两三百），同进士出身。殿试只排出名次，分出等级，没有淘汰，所以科考的关键只在会试，被录取的都是后人所讲的进士。刘三吾主持会试，责任重大。

明朝科考的规定文体是"八股文"。对于究竟什么是"八股文"，很多人会想到《儒林外史》中的范进，天天研究"八股文"，折腾成癫狂，最后靠杀猪卖肉老丈人的一巴掌，才打回了原形。其实，这完全是一种误解。朝廷设计出八股文，为的就是选拔有用的人，替朝廷更加有效地干活。结果选出一帮疯子、傻子，那朝廷岂不是疯子、傻子吗？

八股文为朱元璋倡导，刘基创制，尔后盛行明清五百年。八股文的核心，一是题旨，二是程式，即在特定内容与形式要求下，写命题文章。其题旨，限定于《四书》《五经》之内。其程式，是必须先破题、承题再起讲，然后在规定的起、承、转、合中阐发题旨。

"题旨"体现的是朝廷意志，是对文章思想性的要求。朝廷招你出来，给你发工资，目的是要你为它做事。你连思想上都不拥护朝廷，那它不是给反对党发钱，当冤大头吗？

内容与形式上的规定，客观上有助于应试者知晓考试范围，考官评卷时有评判标准，体现出科考的公平、公正。

科考也并不是写一篇"八股文"就行了，考试的内容十分全面，无非没有今天的外语与计算机方面的内容。无论乡试还是会试，都要考三场：第一场，考四书经义三道；第二场，试论一道，诏诰表内科一道，判语五条；第三场，考经史时务策五道。全部内容，大到治国总论、封建伦理、经济理财、军事武略、文化教育，细到农业生产、水利建设、钱粮赋税、马茶盐铁、公私财产、田亩纠纷，对上的报告怎么写，对下的批复怎么批，断的案子怎么给人家一纸判决书，等等。这一圈下来，被录取的人，放到下面当个地方官，或留在中央做个机关干部，直接上岗都是合格的。

所以，科举胜出的人，没有一个是低智商的，除非作弊。事实上作弊很难，考生进考场前，得从头到脚搜一遍。进了考棚，想抄袭，找不着人——每个考棚里，只有一人，并且吃喝拉撒都不准出来。跑出来抄别人？欠揍了。外面监考的，不光是戴眼镜的老师，还有带大刀长矛的军士。交卷后，有五道程序：吏员将试卷弥封、糊名，交给受卷官，盖上戳印后送至弥封所；弥封官将试卷折登、弥封、糊名、编号，送交誊录所；誊录官将考卷用朱笔誊录后，交对读所校对，对读后再交收掌所收藏。接下来，改卷开始，试卷先交同考试官评阅，考官手里拿着的试卷，是专人誊抄后的副本，字迹完全是一样的。同考试官看中的试卷，向主考试官推荐。最后，主考试官再将这些被推荐的试卷进行评阅。整个过程，均由内外监试官监督。

刘三吾主考的会试，就是在这种完备的制度下进行的。刘三吾除了年纪大了些，以其素质与学识，主持一场会试完全不在话下。刘三吾"为人慷慨，不设城府……至临大节，迄乎不可夺"，垂老之年，还受太祖如此器重，承担为国选才的重任，心怀感激，不敢懈怠。会试前后权贵中有人给他递条子、送礼，他都挡回去了。考前叮嘱考官，严肃考纪，公正阅卷，杜绝舞弊，报效皇恩。考中不顾年迈，亲临考场。考试结束，刘三吾亲自主持阅卷，反复调阅，直到排出的名次名副其实，才登出杏榜，报告礼部。

一切顺利，只等放榜。

四、"南北榜案"

但杏榜放出不久，京城就炸锅了！

会试结束，绝大多数考生都没走，赖在京城等结果。来参加会试的都是举人，大家在地方上没有一个不是出类拔萃的人物，自信心都强，有落第准备的举子几乎没有。杏榜一放出，考中、没考中的，跟这事毫无干系的，全过来瞧热闹，足足几万人！

会试录取的比例很低，举子们落第的概率其实很大，看完杏榜需要回去自励的人是绝大多数。但这一次是个例外，很多举子看完杏榜，不是认为自己能力水平欠火候，而是质疑朝廷存在严重不公：录取的五十一个人，全都是南方人，没有一个北方人——朝廷是埋汰北方人，偏袒南方人！

"地域歧视"的"问题"发现了，"原因"也跟着琢磨出来了：主考官刘三吾，南方人；副考官白信蹈等，也是南方人；其他考官，还是南方人——刘三吾等考官，顿时成为众矢之的。

科举考试中的"地域歧视"，历史上还确实存在。北宋著名的宰相寇准就"重北轻南"，有一年的状元是南方人，寇准直接就把结果改了，并直截了当地对同僚说：状元必须是北方的！直接改考试结果，寇准却一点事没有。

但刘三吾却没有寇准那般好运——中国人的性格，南柔北刚，中榜者如果是"清一色"北方人，南方人说不定发发牢骚，或者写封举报信，也就算了。北方人则不，他们成群结队来到礼部衙门，要找主考官刘三吾讨说法，闹得礼部天翻地覆。礼部既讲"礼"，也说"理"，但思想工作根本不管用。想想人家情绪激动，也是可以理解的——这些举子哪个容易，苦苦准备了许多年不说，这进趟京城费用就得几百两银子，搁到现在得一二十万哪！怎么回去，竹篮打水，面子怎么放，给省吃俭用甚至卖田卖地凑盘缠的家人怎么交代？所以，这闹事的劲头越来越大，情绪也越来越激动。后来，锦衣卫出动了都不管用，抗议的浪潮一浪高过一浪，整个南京城几乎沸腾了。

礼部官员一看事态不对，再捂着，自己又处理不了，生出什么乱子，那不要命吗？赶紧，上奏明太祖。朱元璋正在奉天殿办公呢，听到是举子们闹事，首先给了办公桌一巴掌：这么个事都处理不好，要你等何用？

礼部官员有苦难言，只好将举子们闹事的现场情形与事态发展，做了补充汇报。这等场面，朱元璋听后也皱眉了。朱元璋一面着礼部认真复查，一面又立即召来刘三吾。

刘三吾赶紧过去，朱元璋也不拖泥带水：你说说，怎么没有一个北方人？

刘三吾年纪大了，脑子却很清楚。他告诉皇上：北方不如南方，其实是一种正常现象。过去蒙古人对北方摧残得厉害，文人不能很好地读书，现在他们的文章难免不如南方的举子。

对历史与现状的分析，刘三吾显然是对的，但他也动了一下脑筋：北方文人所受的摧残，刘三吾全部推到了前朝身上，当朝的责任那就不提了。

听了刘三吾的解释，朱元璋既没有责怪他有失全面，也没有感谢他曲意奉承，因为他要的不是产生问题的原因，而是解决问题的方法。北方举子闹事的事，要是原因解释清楚就管用的话，那礼部早就把事情给灭了。

朱元璋还是有耐心的，毕竟是刘三吾，换了别人，早拖到下面打屁股了。解铃还须系铃人，朱元璋启发刘三吾：先生为何不特地选拔几个北方举子，鼓舞一下北方举子的信心呢？

这下，刘三吾知识分子的昏劲上来了，他大讲了一通科举的重要性和严肃性，根本没接朱元璋的茬。朱元璋怒了：既然北方人受压制那么久，都有一股怨气，那借会试的机会录取几个，安抚他们不正好吗？

刘三吾接下来的这一通，还是科举工作的重要性、严肃性。百分之百的正确，百分之百的无用，朱元璋要的是管用的一招。文人，实际用途确实很有限。

刘三吾的方法正确而无效，朱元璋干脆来个错误而有效的：立即将全体考官都停职，试卷重新审阅。这一招，对所有的人都是一瓢凉水。北方的举子，火气消了不少。谁委屈，那无非涉及几个人，不碍朝廷大局。

朱元璋亲自负责重审工作，张信等六七位翰林、侍讲具体复阅试卷。朱元璋让张信负责这项工作，是很动了番脑筋的：张信是定海人，如果他纠正了"问题"，对南方人来说显得公正；张信是前科状元，复查结果能显示权威性。更重要的一点，张信只有二十四岁，年轻人脑子应该灵活些，不会像刘三吾那样固执，解决举子闹事的事应该比刘三吾有效些。朱元璋还特意叮嘱张信，发现作弊的蛛丝马迹，立即奏报。

张信复核试卷的消息不胫而走，北方举人看到了希望，心情开始好了起来。

四月十三日，朱元璋亲自在奉天殿和大臣们一起听张信复核试卷的报告，刘三吾和白信蹈也参加了。朱元璋神情严肃：这次会试，录取的都是南方举人，全国上下非常愤懑！朕让张信重新审阅试卷，今天张信等十二位官员已经审阅出结果，即将公布。刘三吾等人需要仔细听着，如果有什么不明白的地方，还可以当面询问。张信等人也要公道，以服天下。

肩负使命，张信的报告非常严肃：臣查阅了北方举子的试卷，这几个在北方举子中属佼佼者，试卷文章通顺。

刘三吾一听，心都冷了：北方举子的试卷，稍微有点学识的一看就清楚。你这都是什么水平啊！

张信接着说：这次中榜的五十一人，最后一名是李容。北方举子中成绩最好的，当属韩克忠。但就这两个人作比较，韩克忠只能排上第五十二名！

奉天殿中的所有大臣，包括刘三吾，全都愣住了。但朱元璋没有，尽管他也是第一次听到这个结果。

朱元璋笑了，指着张信：你接着说，说说你到刘三吾家都干了些啥？

这回，只有张信和刘三吾两个人愣住了。张信说：臣与所有复核官，从接手之日起，家都没回过啊……

朱元璋说：那你就说说，刘三吾的家丁与你的家丁，在你家门口谈过的是什么？

两家家丁见面？张信不知道，朱元璋当然知道，因为锦衣卫就是专干这个的。

朱元璋吼了：翰林院官员相互庇护，会试和复审继续作弊，实在辜负了朕！

老一辈文人与新一代文人，确实太辜负太祖的期望了：太祖要你们泼水灭火，但你们泼出的都是油。

张信、刘三吾以及所有考官，全被拿下，送入大牢！

五、无用之用

从通过主考官员刘三吾主动"纠错"，到任用张信等复阅试卷，以调整会试结果平抑社会矛盾，朱元璋的心思一个都没实现。刘三吾主持的会试又找不到明显错误，发出的杏榜又不好作废，朱元璋只好下旨再举行一次会试。

第二次会试的结果出来了，一共录取了六十一名，比前榜还多十名。有意思的是，这次杏榜上的名单，全是北方人，居然没有一个南方人。

概率，概率论，反正明朝人谁都没学过。来京城考试的人，考上没考上，全都回去了——是谓"南北榜案（春夏榜案）"。

"南北榜案"，张信、白信蹈等二十多个考官、复查官员被杀。刘三吾老了，又是世子老师，做过很多具体的事，免了一死，发配边塞充军。

杀二十几个人，比起此前的"蓝玉案"，族诛一公、十三侯、二伯，牵连被杀一万五千余人，已经是"毛毛雨"了。

没有杀刘三吾，是朱元璋讲情面？是，又不尽是。最关键的，还是当初刘三吾给朱元璋解释"南榜"原因时，给朱元璋留了很大的面子，也让朱元璋明白了一个问题——刘三吾说蒙元的长期摧残，造成北方经济、文化落后。这个解释，显然只是事实的一部分，朱元璋心知肚明——北方的落后，最直接的原因，则是朱元璋所兴的大案，特别是"蓝玉案"。蓝玉征战的地点主要是北方，他的属下更多是北方人。"蓝玉案"被杀的一万五千余人，同样主要是北方人。北方经济搞垮了，社会精英被摧残殆尽，主角其实是朱元璋。非常时期，如果此次科举结果反响过大，势必对朝局产生微妙影响。有些文人不懂，朱元璋心里明白着。

科举的最终目的，是为封建王朝选拔执政队伍。纯粹地选读书人出来做官不是目的，选官的根本目的是为朝廷做事。但在客观上，明朝的科举为社会底层开辟了一条上升的通道，使社会阶层趋于垂直流动，不至于成为"高压锅"。录取作为整个科举的最终环节，事实上有不同区域政治均衡的考虑，一定程度上需要反映和体现地方民意。封建时代，人民不可能直接掌权。地方及民意的诉求要上达顶层，很大程度上依赖地方官员。而科举制度，则具有某种代议制的色彩。正因为如此，科举制度也被一些人视为相对公平的代议制度，尽管封建时代不乏地方"朋党"之弊。

朱元璋一手兴起"南北榜案"，也与文人游离"实用功能"有关。"南榜"状元陈䢿，也由此吃尽苦头。陈䢿，闽县人，殿试后被安置到卫所，过渡一段时间后被召回京城。陈䢿对自己的工作分配非常不理解，他在卫所研究天象，发现"今岁文星见闽"，自己中状元属于天意，太祖对自己的安排有违天意。朱元璋知道后，便将陈䢿杀了。朱元璋杀陈䢿，不是为了出气，也不仅仅是他私习天文违反朝廷禁令——与朝廷的需要背道而驰，在朝廷的眼里，这个文人也就失去了应用功能。

"南北榜案"，在一定程度上体现了全国统一形势发展中南北政治平衡的要求，也体现了朱元璋打击和限制江南地主的一贯政策。事件开启了明朝分南北取士的先例，至洪熙以后遂成定制。这在一定程度上有助于普及文化教育，提高落后地区考生的学习积极性，平衡政治关系，乃至维护国家统一，惠及边远少数民族地区。

所谓分卷录取，就是根据全国各地经济、社会发展状况，分南、北、中三卷录取进士，尽可能保障不同地区都有人进入国家治理阶层。到明朝中期，终变成了"南榜""北榜""中榜"。南卷的范围包括浙江、江西、福建、湖广、广东五省，以及南直隶的应天、松江、苏州、常州、镇江、徽州、宁国、池州、太平、淮安、扬州和广德州；北卷范围是山东、山西、河南和陕西四省，北直隶的顺天、保定、真定、河间、顺德、大名、永平、广平和延庆州、保安州，以及辽东、大宁、万全三个都司；中卷范围是四川、广西、云南、贵州四省，以及南直隶的庐州、凤阳、安庆和徐州、滁州、和州。贡士人数录取比例，固定在南榜百分之五十五，北榜百分之三十五，中榜百分之十。

经"南北榜案"促成重大的变革，科举录取不再是"全国统一划线"，而是按照其所处的地域进行排名，分别录取出贡生后，再统一参加殿试。这个制度不但此后沿用于整个明清两朝，与今天高考中的"分区划线"，也有异曲同工之意。

作为一个深谋远虑的政治家，朱元璋自然深懂恩威并施之道，在经过了长时间的清洗之后，为缓和与北方知识分子间的矛盾，朱元璋自然不能承认南北考生水平差距的事实，而诸位公正的考官，只好无奈地做了替罪羔羊。朱元璋用"搞平衡"的办法，处理了这次震撼明王朝的科举大案，让刘三吾等一批官员当替罪羊，满足了全国统一形势下南北政治平衡的诉求。

朱元璋在处理完"南北榜案"后，也即将走到其人生的尽头。在走到人生的尽头前，他将能想到的敌人———诛之，同时也建立起稳定的秩序。他为老朱家，也只能做这些了！朱元璋逝后，其孙即位，是为建文帝。建文帝即位后，召还了刘三吾。建文帝召还刘三吾，并不尽然是因刘三吾对建文帝的上台曾有不世之功。况且，如今的刘三吾明显太老，几近九十，他为朝廷也干不了什么事。建文帝召还刘三吾，无非是与太祖思路的一脉相承，朝廷还有更多的事等着知识分子来做，刘三吾是朝廷用人的一个导向。处罚一个无过之人，起用一个垂暮鲐背之人，意义都是一样的……

※ 郑和：下西洋的绝密使命 ※

历史上的宦官，很少有正面形象。明成祖朱棣以"靖难之役"，完成了从藩王到帝王的成功转身。而为明成祖完成神秘壮举的郑和，恰恰是个宦官太监。

一、非凡太监

郑和（1371—1433），原名马和，小名三宝（又作三保），云南人。

郑和属于回民，其波斯名便为哈儿只·穆罕默德·赡思丁。其六世祖赛典赤·赡思丁，是元朝初期来自中亚的色目贵族，乃布哈拉国王穆罕默德的后裔，曾任云南行省平章，后追封为咸阳王。曾祖父伯颜，元大德年间任中书平章。父亲原名米里金，汉名马哈只，郑和为其次子。马姓是汉化的阿拉伯语"穆罕默德"，哈只则是朝觐过阿拉伯天方（圣地麦加）享有的尊称。这是一个富有冒险精神的家族，郑和的祖父与父亲，都曾跋涉千里朝觐麦加，也被当地人尊称为"哈只"。

洪武十四年（1381年），明军远征云南，十一岁的马三保命运就此改变。他被蓝玉掠至南京，阉割之后成为宦官，分到了朱棣的燕王府。生理改变了，信仰也被改变——马三保被姚广孝收为弟子，法名福吉祥。

但马三保并非娘娘腔，而是长得一副硬汉模样，聪明好学，又行事果敢。据明代御用相士中书舍人袁忠彻记述："郑和身长九尺，腰大十围，四岳峻而鼻小，眉目分明，耳白过面，齿如编贝，行如虎步，声音洪亮。"当时还是燕王的朱棣，见到他后颇为惊异，接触之后则更是赏识有加。朱棣没有让他去干些端茶倒水的勤务活，而是选他作为自己的贴身侍卫，马三保也一步步成为朱棣的亲信。

朱棣的眼光是歹毒的，马三保不仅勇猛，而且善战。靖难之役中，马三保献计朱棣，于郑村坝连破李景隆七营，大败建文帝的南军。朱棣对这个贴身侍卫更加刮目相看，登基后立即封其为内官监太监。内官监地位仅次于司礼监，马三保官居四品。

太监，已是内官的权力顶点。永乐二年（1404年），朱棣又给了马三保更大的荣耀——赐姓！

赐什么姓呢？朱棣对郑村坝之战中马三保的表现印象深刻，便赐其姓"郑"，以资纪念，马三保从此改为郑和。谁也不曾料到，这个"国姓爷"郑和，享受的还不是一时的风光，而是被永久地写入了丹青史册。

二、皇家血本

朱棣由藩王"发家"为帝王，是他从来就不会做蚀本的买卖。他让而立之年的郑和名利到顶，是因为有一根在喉骨鲠，需要郑和帮他拿下。骨鲠在喉，寝食难安，朱棣需要不惜代价。这个代价，几乎倾其国力——

永乐元年五月，朱棣下令福建建造一百三十七艘远洋帆船。三个月后，又命苏州船厂以及江苏、江西、浙江、湖南、广东诸省，另造船舶二百艘。同年十月，又令沿海各省迅速改造平底运粮船一百八十八艘。而朝廷直辖的龙江船厂，林立的兵士如临大敌，数以万计的技工昼夜加班。四年左右的时间里，单是《明实录》记录在案的大型新建（改修）船只，即达一千六百八十艘以上。

造船所用的材料，皆是上等的柚木。木材几乎来自全国，长江、岷江上游的木材顺流而下，漂至各大船厂。在生产力十分低下的时代，海量的采伐不仅消耗森林资源，巨木运输也足以劳民伤财。但这场运动过于久远，细节很难完整复原，只有《二申野录》这类野史，留下一些奇闻趣事：朝廷需要巨木，工部尚书宋礼取材于蜀地，但得到的巨木又没有运输道路，便动用上万人紧急开山。最后这个庞然大物自己走了起来，翻山越岭，发出地震一般的声音。

"神木"飞翔，似乎节省了苍生百姓的无数汗水，但可以想象，那时的大半个中国，实际上都卷入了这场浩大的造船运动。

朱棣要造什么样的船？宝船。宝船究竟什么样子，今天尚能看到它的一支舵杆，长度为11.07米，差不多是一辆公交车的长度！所谓的舵杆，不过是船只舵叶的控制联动杆。以舵杆推算，这艘船的舵叶大约为6米，近三层楼高。锚、舵转动时，需要几百人一齐动手，航行时要张开十二张帆。史料记载：宝船"大者，长四十四丈四尺，阔一十八丈；中者，长三十七丈，阔一十五丈"。一号宝船，长度为140.7米，宽度为57米。这是一个什么概念？面积比标准足球场大三分之一，体量接近海军最新式的现代级导弹驱逐舰。当时的世界，根本没有第二艘。

任何一个世界纪录，都会付出旷世代价。著名史学家黄仁宇先生说：永乐初年之通货膨胀，变本加厉。为什么会出现这样严重的经济问题？就是因为朱棣的"大手笔"，王朝的支出常常在实际岁入的两至三倍。通胀的同时，百姓的徭役大幅度增加。朱棣便修改了他父亲朱元璋制定的规则，将农户三十天、匠户三个月的徭役，一律延长至六个月。而据相关史料，这些服役者通常一年之后仍无法归来。

如此不惜血本，朱棣究竟为了什么？

三、绝密使命

其实，答案非常简单：朱棣只是要找到一个人。

——当初，燕军破城而入时，建文帝朱允炆欲拔刀自尽，少监王钺拦住了他：陛下不可轻生，太祖生前留有一个箱子，并说子孙若有大难，可开箱一视，自有方法。朱允炆命王钺取箱，打开一看，内有度牒三张、白银十锭，剃刀、僧服等物。朱允炆叹息一声："天命如此！"然后剃发，纵火焚宫，着僧服潜逃而去。

——这是所有朱允炆下落的开头，应该真实。当日朱棣指着一具尸体，断言就是朱允炆。其实，他自己都不相信自己的话。因为在现场处置后，朱棣立即秘密拘捕了溥洽。溥洽，是朱允炆的主录僧，并且这一关就是十几年。既不杀，也不放，就是拿溥洽作为一条破案线索，以便找到朱允炆。

与朱允炆一道消失的还有玉玺，也就是帝国的公章。号令天下的玉玺问题，貌似严重，其实无关紧要——皇帝的宝座都没有了，玉玺也就是一枚私人印章。事实上，朱允炆的玉玺也与朱元璋的不一样，朱棣没有必要节省石头上刻字的钱，把朱允炆的玉玺盖在自己的公文上。朱棣即位的第三天，他即陆续启用新朝玉玺，皇帝奉天之宝、诰命之宝、敕命之宝等，宝玺即达十七颗。

只有朱允炆的下落非同小可。但朱允炆出城后的去向，大概又不下一百种。谷应泰在《明史纪事本末》中，更有详细的记载。《明史纪事本末》之说，虽未被后世史家采信，但作为一个严谨的学者，谷应泰不可能信口开河。正史、野史中朱允炆的诸多去向，归纳起来无非只是两类：一个是国内，一个是国外。如果说朱允炆被仙人救走，老百姓可能信以为真，但朱棣绝对是不会相信的。

"靖难之役"后，朱棣随即展开大规模的搜捕。国内的搜捕，朱棣秘密地交给了胡濙。

胡濙，常州人。胡濙算不上朱棣的嫡系，但他是一个很特殊的人。胡濙出生时毛发皆白，后来才转为正常人。胡濙性格特殊，"喜怒不形于色"，非常适合从事秘密工作。

当时的胡濙任兵科给事中，朱棣将他提拔为户科都给事中。细心的人应该看出来了：兵科，应该有一定的侦缉经验。而户科，主要是干财会业务。让一个有侦缉经验的人，披上财会人员的外衣，悄悄地从事老本行，朱棣确实是领导秘工作的老手。

朱棣给胡濙的公开任务更蒙人——寻找仙人。胡濙到处钻，采用什么手段，都不容易引起别人的怀疑。仙人什么样，如何找仙人？这个业务谁都不懂。

可惜，十几年的时间里胡濙一无所获。在朱棣离世前，胡濙只告诉他一个让他放心的答案，没有告诉他具体的结果。胡濙最终到底对朱棣说了什么，后人也只能拼命猜测。

跨国搜捕，朱棣秘密地交给了郑和与李挺。为什么选中郑和？据传朱棣同样曾征询了具有"特异功能"的袁忠彻的看法，袁忠彻说："三保姿貌、才智，内侍中无与比者，臣察其气色，诚可任。"

太监李挺，是郑和的朋友与同事，也是很有能耐的一个人。朱允炆的下落，差一点在李挺的手上水落石出。李挺曾得知有两位神秘的僧人，自武昌罗汉寺出发，乘船到了浔阳，再由鄱阳湖南下。他又从信江得知，曾有一位卖盐商人陪伴两位僧人，由鹰潭向南出发，可能前往福建。李挺一路狂奔，迅速追到了泉州。

泉州很早就是通往海外的重要港口，南亚、西亚、东非等地各种肤色的商人，在这里都能见到。泉州开元寺的住持告诉李挺：几个月前，确实来过两位内地僧人，但他们已经踏上了一艘阿拉伯商船，去了海外。

李挺的心都凉了，海天茫茫，哪里去追？

李挺结束，郑和开始。

四、大军追击

永乐三年六月十五（1405 年 7 月 11 日），朱棣发出行动命令："遣中官郑和等赍敕往谕西洋诸国，并赐诸国王金织文绮彩绢……"

——这是见于《明太宗实录》的最初文字记录。没有抓人的事，没有打仗的事。仅仅出于国际间友好往来的需要，郑和代表朝廷给欠发达的国家提供经济援助，给小国领导人赠送礼品。真是如此，那阵势也太过了。

三百多年后，正式面世的《明史》，对这桩外交活动进行了补充："成祖疑惠帝亡海外，欲踪迹之，且欲耀兵异域，示中国富强。"保密时限已过，没有必要再误导后人。

当时的海外小国，见到郑和的队伍，绝对是大吃一惊——人太多，"二万七千八百余人"。

"友好代表团"不仅队伍庞大，组成人员也很可怕：除少数文职官员，没有一个经济界人士，剩下的全是军人，来自明朝的五个军区（卫），主要为沿海地区卫所。"友好代表团"中，还有大明的特种部队、国安人员——锦衣卫！

船队的阵容，是很可怕的，计有船只二百余艘。船舶有五种：宝船最大的长四十四丈四尺，宽十八丈，载重量八百吨，可容纳上千人；马船长三十七丈，宽十五丈；粮船长二十八丈，宽十二丈；坐船长二十四丈，宽九丈四尺；战船长十八丈，宽六丈八尺。这些船只，用于载货、运粮、作战和居住，分工细致。从《武职簿》的记载来看，郑和船队编有舟师、两栖部队、仪仗队三个序列。舟师相当于舰艇部队，战船编组为前营、后营、中营、左营、右营；两栖部队，用于登陆行动；仪仗队担任近卫，并负责对外交往时的礼仪。其编制完善、严密，具有现代海军的色彩。

混合舰队，由南京龙江港启航，经太仓出海，直扑西洋。

西洋，是明朝的一个热词，指的是今文莱以西的东南亚和印度洋沿岸地区。由于目的地的不确定性，实际范围还涉及非洲与欧洲等地。明朝的"西洋"概念，与今天的"南洋"其实是相互有交集的。

目的地首选西洋，与李挺的情报有关，更与朝廷的综合研判有关。东南沿海居民，拓荒移民去往南洋的人很多，历史更为久远，尤其是战乱时期。元末明初，据说张士诚的余部就逃往南洋。建文帝避难泉州开元寺，最终扬帆出海，隐居印尼苏门答腊岛东海岸，也是诸多"传言"之一。如果情况确实如此，建文帝纠集海外的中国人，再以宗主的身份号召诸国兴兵，即使不能实现"反攻大陆"，政治影响也非同一般。

郑和的船队首先到达占城（越南），这里是中国连接东南亚、西亚等地的海路要冲。郑和在这里只稍作停留，随即南下。半个月后，到达爪哇（今印度尼西亚爪哇岛）。爪哇，人口稠密，物产丰富，是马六甲海峡的重要据点，也可能是建文帝的藏身之地。

正是在爪哇，郑和遭受了一次闪电攻击。

当时，爪哇国出现了两个国王，一个叫"东王"，一个叫"西王"。具体是怎么回事，那属于人家的内政，没必要细问，史料记载也很不清楚。大致情况是，"西王"刚刚打败了"东王"，兼并了"东王"的领地。恰在此时，郑和船队赶到。"西王"的军队也没瞧明白是谁，兵贵神速，便发动攻击。刚踏上海岸的大明海军，一下牺牲了一百七十多人。

郑和感到十分震惊，士兵们更是群情鼎沸。本来是给他们送援助的，最多只是顺便问个人，怎么恩将仇报呢？装备先进的大明海军，若解决这种"第三世界"的武装，其实只是分分钟的事。但郑和没有这么做，因为这和自己此行的目的背道而驰。

郑和只发出严正抗议，派人与西王交涉此事。西王弄明白了是这么回事，顿时吓傻了，赶紧道歉，又连夜派人去中国谢罪。朱棣知道后，认为郑和处理得当，将西王使者教训了一顿，然后开出一张罚单：黄金六万两。

黄金六万两，天价！就是将爪哇国变卖，也卖不到这么多钱。西王筹集了整整两年，也只弄到一万两黄金。朱棣很大度，告诉西王使者：我们不缺这点小钱，但你们以后可得乖点！

西王使者连称那是那是，从此爪哇年年向中国进贡。

五、疑似目标

妥善处理完意外的军事摩擦，郑和船队继续南下，经过苏门答腊、锡兰山等地，然后到达古里。

古里位于印度半岛的西南，即今天印度的科泽科德。古里很早就臣服中国，洪武年间朱元璋也派使者来过这里。干过一阵皇帝的朱允炆，对这个情况应该比较了解。

郑和到来的公开目的，是代表朱棣给古里的现任最高领导人发放诏书，表明现在中国的皇帝换了，你的任职文件也得换张新的。除此之外，郑和还在这里建了一个碑亭，碑文曰："其国去中国十万余里，民物咸若，熙皞同风，刻石于兹，永昭万世。"

"十万"，是一个概数，因为地球的赤道周长也只有这么多，反正就是很远的意思。郑和这一路到了很多国家，这些国家对中国很好奇，纷纷表示要去朝贡，但路程太远，路费比较困难，所以都顺便跟在郑和的船上。郑和出来已经一年多了，准备回国。朱棣交待的两个任务，只完成了一个。望着各国使者，郑和心情有点复杂。

郑和的第一次远航就这样结束了，船队自古里返航。行至三佛齐（今印度尼西亚的巨港），郑和得到信息，这里有个渤林邦国，国王是中国人。莫非是朱允炆在这里开辟了新天地？郑和顿时兴奋起来。

一核实，比较失望。国王确实是中国人，但不叫朱允炆，而叫陈祖义。

陈祖义，祖籍广东潮州。洪武年间，陈祖义全家逃到南洋入海为盗。不过，这个人很特殊，很可能加入了渤林邦国"国籍"，因为他被国王麻那者巫里任命为将军。国王死后，陈祖义凭借武力又成了渤林邦国的国王。

陈祖义国王很有意思，他臣服过中国，同样给明廷进贡过，至于其国王资格有没有得到宗主国认证，没有史料可以确认。他进贡的方式也很特别：一般是空船出发，沿途抢到什么，就拿什么当贡品，做的是一桩零成本生意。

郑和不熟悉陈祖义，陈祖义却熟悉郑和——祖国，真有钱啊，还有这么豪华的船队！

"大有宝物"的郑和船队，对陈祖义来说诱惑力太大，但盘算来盘算去，得手的可能性几乎没有。于是，陈祖义决定智取：诈降。

但陈祖义做梦都没想到，他的阴谋被一个叫施进卿的中国人给举报了。郑和将计就计，布兵等着陈祖义上钩。

陈祖义的实力还是有的，兵士五千多人，战船二十余艘。兴致勃勃的陈祖义，领着手下逼近明军，刚喊了声"动手"，明军的火炮便开火了。

一个是传统手艺，一个是现代化的流水线，陈祖义的五千多人，很快只剩下了三个人。陈祖义感到庆幸的是，自己没有被火炮给轰死，而是被明军生擒，发自内心地感叹：祖国真有钱，祖国真强大！

有惊无险，郑和扬帆前进。永乐五年（1407年）九月，郑和回到了京城。自刘家港（江苏太仓）出发，经福建—占城—爪哇—旧港（今苏门答腊岛）—南巫里（今苏门答腊班达亚齐）—锡兰（今斯里兰卡）—古里（今印度科泽科德），历时两年多，郑和完成了第一次远航。

郑和的队伍还在郊区，朱棣就派人前来"劳军"，然后在京城举行了盛大的庆祝仪式。在这个隆重的外交活动上，朱棣安排了一个空前绝后的节目：当着各国使者的面，将陈祖义斩首示众。

朱棣应该非常熟悉"国际法"，他否认了陈祖义的"国王"身份，也不承认他持有"绿卡"，还找到了陈祖义的犯罪档案，证实他很早就是大明的"国际通缉犯"。苏门答腊、古里、满剌加（今马来西亚马六甲）、小葛兰（今印度奎隆）、阿鲁（今苏门答腊岛中西部）等西洋各国的使者，坚决支持大明的正义行动，盛赞大明的繁荣富强，纷纷表示要紧跟大明，并向大明朝贡。

在郑和这里，朱棣对国际形势有了更多的了解。异国风情，人还有黑的，太有意思了！虽然这次远航没有找到真皇帝，毕竟带回了一个假国王，虽然成本比较大，但大明怎么会在乎这点钱呢？尤其是"万邦来朝"，这个更对朱棣的口味。中国强盛，万国景仰，也是历代帝王的最大梦想。

六、欢乐主题

朱棣的兴奋是持续的，他在位期间，又安排了郑和五下西洋。

永乐五年（1407年）九月，也就是回国的十几天后，郑和第二次下西洋。这一次，差不多是陪同各国使臣回国，终点当然还是古里。郑和做了一件名垂千古的事，就是专程到锡兰山佛寺进行布施，迎请佛牙，随船带回。并立碑为文，以垂永久。这块碑现保存在锡兰博物馆，是斯里兰卡的国宝。永乐七年（1409年）夏，郑和回国。

永乐七年（1409年）九月，郑和第三次下西洋。这次出访，完全是出于和平目的，是"往诸番国开读赏赐"。但锡兰山国王十分不友好，发兵五万，攻击郑和船队。郑和迅速克敌制胜，俘获了国王及其家属，并将其押解回国。朝中群臣知道后，都很愤怒，主张杀了锡兰山国王等。但朱棣"悯其愚无知"，释放了他们，并热情招待。朱棣大国领袖的风采，受到了国际社会的广泛赞誉。

郑和下西洋的沉重主题，开始显得越来越欢乐，朱棣似乎也不再如坐针毡。但是，人们显然忽略了郑和航海之外的行踪——在郑和的家乡，一块记事碑上刻有这样一段文字："马氏第二子太监郑和，奉命于永乐九年十一月二十二日到祖家坟茔祭扫追荐。"

郑和还乡，是"奉命"而不是"恩准"，明显属于"公务"行为。而在朱允炆的行踪传闻中，云南同样是其中之一。郑和这次回乡扫墓，很有可能就只是一个借口，真正的目的与他率船队下西洋一样，堂而皇之的表面之下，为的则是秘而不宣。但在云南，郑和没有发现朱允炆的任何蛛丝马迹。

始终没有结果，明永乐十一年（1413年）十一月，郑和开始了第四次远行。前三次郑和都是在东南亚和南亚一带航行，行至古里而返，朱棣认为国际影响不够，"远者犹未宾服"，应该再跑远点。为此，郑和亲自到西安的大清真寺，挑选了懂回文的翻译。

这次郑和绕过阿拉伯半岛，远航至波斯湾、红海、东非海岸一带，到达东非麻林地。永乐十三年（1415年）七月，郑和回国。这次朱棣尤为高兴，举国上下几乎是一片欢腾——麻林地国向中国进献长颈鹿，中国人传说了上千年，终于在明朝见到了真"麒麟"！

郑和第五次下西洋，是在永乐十五至十七年（1417—1419年），目的是送古里、麻林地等十九国使者回国。为了展示大国风范，朱棣赐各国国王锦绮纱罗彩绢等物，还应柯枝国王可亦里之请，赐其印诰并封其国之山为镇国山。

郑和每一次出行，回来时都有沿途诸国搭顺便船的。说是来中国朝贡，实际上就是做稳赚钱的买卖。回去时，还要搭另一趟顺便船。一个大国，怎么会计较这点小事呢？而有些小国，纯粹就是来中国免费旅游。浡泥（文莱）国王麻那惹加那乃率领王室成员一百五十多人，在中国吃喝游玩几个月，不幸病逝，丧葬费都由朱棣埋单了。苏禄国王就曾带着老婆、孩子、亲戚、朋友一群三百多人，免费来到中国，也免费吃住了一个多月。拿中国的远洋船队当往返轮渡，郑和根本就没有歇息的时候。

永乐十九年（1421年）正月，忽鲁谟斯等十六国使臣在中国度过欢乐的春节，要求返国，郑和便第六次下西洋。这一次，郑和船队遭遇了海上飓风，船队差一点遭受灭顶之灾。幸运的是，大明的航海技术是先进的，郑和的航海经验也十分丰富。"叩神求佑"，郑和决定中途返回。永乐二十年（1422年）八月，郑和船队顺利回国。

朱棣不惜一切代价，建立起庞大的远洋船队，最初的目的是出于维护政权的稳固，一定要找到朱允炆。但是，一次又一次，茫茫大海，渺无音信。其实，朱棣的内心也是矛盾的：找不到，不踏实；找到了，也不踏实。而最终，胡濙了却了他的心愿。

永乐二十二年（1424年），朱棣逝去。去世前，胡濙急行四百里，星夜赶到朱棣北征驻军的宣府。二人会面的这个地点，其实还与郑和有关——如果说郑和屡下西洋有什么积极意义，对朱棣来说最大的意义就是他对大明朝的"国际形势"有了科学的研判——帝国的威胁不太可能来自海外，仍然是北方的宿敌蒙元，明确了国家安全的核心。

胡濙赶到国防前线时，朱棣已经睡下。听说胡濙来了，朱棣赶紧爬了起来。二人密谈到天将放晓，朱棣终于放心睡去。

他们究竟谈了些什么，后人不得而知。《明史》载："先濙未至，传言建文帝蹈海去，帝分遣内臣郑和数辈浮海下西洋，至是疑始释。"——胡濙很可能打探到了朱允炆的确切消息，他们也可能接着分析朱允炆争夺皇位的可能，最后达成一致：没有必要继续追查朱允炆的踪迹。胡濙跟朱棣说的，甚至可能是溥洽当年救出朱允炆，藏在吴县普洛寺内为僧，并且这些年一直处于胡濙的监视之下，朱允炆最近刚刚逝去……确切的史料，根本没有。

一百五十年后，明神宗好奇地问起朱允炆的下落，张居正的回答是：先朝如此相传，国史没有记载，当然无人知道。

朱允炆与郑和，到此似乎都应该划上句号。明仁宗即位后，下西洋行动宣告停止。

七、再来一次

明仁宗只做了十个月的皇帝，病逝后长子朱瞻基继位，是为明宣宗。

朱瞻基有"明君"的美誉，他与其父统治的时代更被史家称为"仁宣之治"。明宣宗做过几件很有意思的事：他发动了中国历史上第一次大规模的"扫黄运动"，查封了首都的大批妓院，废除了原有的官妓制度，禁止官员携妓宿娼。此外，他还有意将首都迁回南京。

明宣宗对郑和同样十分信任，出于迁都的考虑，他任命郑和为南京守备，着手修理南京宫殿，同时修建南京大报恩寺。

但是，明宣宗同样面临着内忧外患。明太祖朱元璋留下的外藩的问题，历建文、永乐、洪熙三朝，都没有得到根本的解决。朱瞻基即位之后，整治强藩汉王朱高煦与赵王朱高燧，明初近半个世纪的藩王问题得以彻底解决。对来自北方蒙元势力的威胁，明宣宗御驾亲征，对其实施军事打击。在这个背景下，宣德五年（1430年），宣德帝亲自召见郑和，重启远下西洋工程，诏书曰："朕祇嗣太祖高皇帝、太宗文皇帝、仁宗昭皇帝大统，君临万邦，体祖宗之至仁，普辑宁于庶类，已大赦天下，纪元宣德，咸与维新。尔诸番国远处海外，未有闻知，兹特遣太监郑和、王景弘等赍诏往谕，其各敬顺天道，抚辑人民，以共享太平之福。"

皇位稳固了，"君临万邦"的念头在所难免。宣德六年（1430年）十二月，郑和开始了第七次远航，这也是他一生中最后一次下西洋。

这一年，郑和年已六十了。据《明宣宗实录》记载，郑和率领二万七千多人的远洋船队"凡所历忽鲁谟斯、锡兰山、古里、满剌加、柯枝、卜剌哇、木骨都束、喃勃利、苏门答腊、剌撒、溜山、阿鲁、甘把里、阿丹、佐法儿、竹步（索马里）、加异勒等二十国及旧港宣慰司……"

第七次下西洋，实现了两个人的梦想：作为帝王，朱瞻基实现了"君临万邦"；作为一个虔诚的穆斯林，郑和来到了圣地麦加，实现了朝圣的梦想。

宣德八年（1433年）二月，郑和船队返航。三月十一日，郑和病逝古里。古里，二十六年前，郑和第一次抵达的便是这里，最终他又在这里走到了人生的尽头，成为历史与传奇。

八、烟消云散

郑和的故事，需要一个尾声。因为郑和的故事，始终与大海有关——这时的欧洲已告别黯昧的中世纪，正在发生巨变。郑和航海，有没有现代意义上的中西方互动？没有任何相关迹象。郑和跟后人想象中的哥伦布、达·伽马、麦哲伦，是有区别的。

郑和航海，根本就不是中国历史上的"唯一"，更不是中国历史上的"第一"。唐代即有海外远航，明代与之相比，只有规模上的变化，目的则是惊人的相似——直接服务于王朝的权力。

郑和下西洋的实质，是消除朱允炆式的皇权威胁，同时炫耀武力以宾服四方，满足朱棣身为"上国天朝"之主的自我崇拜。终明一朝，始终都在实行朱元璋的海禁政策，虽然有时松动一些，而朱棣时代恰恰是最严厉的时期。《明太宗实录》记载："缘（沿）海军民人等，近年以来，往往私自下番，交通外国，今后不许。所司一遵洪武事例禁治。"为贯彻"海禁"，朱棣还责令"禁止民间海船"，"原有海船者悉改为'平头船'，所在有司防其出入"。唯一的变化，是朱棣恢复了朱元璋禁止的海外朝贡。

朝贡，是一笔政治脸面账。而经济账，当时就有人算得一清二楚：永乐十九年（1421年），北京紫禁城发生大火，刚刚落成的三大殿荡然无存，朝中大臣趁机对郑和下西洋发出一片反对之声。翰林院侍读李时勉等上书抱怨说："连年四方蛮夷朝贡之使相望于道，实罢疲中国。宜明诏海外诸国，近者三年、远者五年一来朝贡，庶几官民两便。"李时勉等说得非常委婉：由于郑和下西洋，周边国家不断派遣使节进京朝贡，搞得有关接待部门应接不暇。"送礼"的客人冷不得又热不得，不如少招惹他们，以免劳民伤财。

表面的歌舞升平，代价是朱棣的一掷千金。万历年间的王士性，则给出了朱棣政治账的直接答案："国初，府库充溢。三宝郑太监下西洋，赍银七百余万，费十载，尚剩百余万归。"

——净亏六百万两白银，这就是郑和"西洋"之行！

明成化年间（具体时间史料记载不一），明宪宗受中官鼓动，再次冒出重新下西洋的念头，遂传令兵部调取当年郑和的航海图等资料。但是，所有的资料都失踪了。

郑和航海资料的丢失，据说与当时的兵部车驾司郎中刘大夏有关。但是不是刘大夏焚毁了航海图，同样没有确凿的史料证据。明宪宗企图重新下西洋之事没有下文，刘大夏焚图之嫌最终不了了之，其实都在郑和航海的实际意义与价值上。

"郑和之后，再无郑和。"郑和七下西洋，最初的意义没有太多的隐秘，最后的意义也无需太多的附会。明朝的大海，"悠然而去渐远渐小，但则见渺茫茫一发遥空只有天水相连"……

※ 唐伯虎：悲情人生 ※

很多人因为《三笑》式的娱乐片，形成了关于唐寅的欢乐印象。其实，唐寅是一个悲情角色，他循规蹈矩时被人陷害，逾越规矩时又被人欣赏，"风流才子"的浪漫与之相去甚远。这时的明朝已过去了一百年，杂乱无章的时代烙印，一股脑儿地刻在唐寅身上。

一、人生波浪

唐寅（1470—1524），字伯虎，又字子畏，号六如居士、桃花庵主等，吴县（苏州）人。

唐寅的祖辈，大约于明英宗年间落籍吴中，到他父亲这一辈时，依旧是一介市井平民。唐寅的父母做一点小生意，而且在街市开了一处"酒肆"。不过，这种酒肆档次很低，来喝酒、喝茶的都是一些市井小民，唐寅也就自幼处在这种生活环境中。

少年唐寅习惯于游走闾巷街头，有着旷达不羁的禀性，没有家传的责任和义务感，甚至没有道德的负担，这也是他日后遭遇挫折，与儒林渐行渐远，走上"才艺"之路的重要原因。

唐寅的少时朋友，亦多为市井出生。有个街头小混混似的张灵，与唐寅交往甚多。直到十几岁时，二人还时常一齐脱光衣服，跳进水塘洗澡。家庭生计有父母操持，唐寅时常浪荡街市。

唐寅的幸运之处，在于他的生活大环境。苏州地区经济发达，科甲繁盛，唐寅的父母在耳濡目染中对社会有了新的认识。明代的科举制度有着公平、公正的一面，客观上打通了社会上下层之间流动的通道。科举成功便功成名就，比上不足比下有余的唐寅父母，不能不为之怦然心动。小生意的一点积累，他们全押在唐寅身上，期望他一举成名改变家族的命运。

唐寅"性极颖利"，自幼聪敏，确实是块读书的好料。唐寅十六岁时参加童试，以第一名的成绩成为生员，也是家族中第一个有"功名"的人。小小年纪即为"秀才"，整个苏州城也为之轰动。

少年得志，也让唐寅人生前景一片光明，地方富家子弟纷纷与唐寅交往，唐寅也有了与张灵截然不同的一帮朋友。十九岁时，唐寅更娶了当地有身份的秀才徐廷瑞的次女。妻子徐氏贤淑，唐寅夫妻二人感情甚好，并诞有一子。唐寅有了童话般的青年时代，开始享受着幸福的生活。

但命运总是无常的。弘治七年（1494年），二十五岁的唐寅陡然落入人生低谷。一年之内，唐寅先后失去了五位亲人：首先是父亲操劳过度一病而故，接着母亲伤心过度悄然辞世，不久妻子病逝，唯一的儿子夭折，最后是刚刚嫁出去的妹妹也跟着去世了。

人生如梦，唐寅坠入痛苦的深渊。他在悼念妻子的《伤内》中写道："凄凄白露零，百卉谢芬芳。槿花易衰歇，桂枝就销亡。迷途无主驾，款款何从将。扶景念畴日，肝裂魂飘扬。"

家庭的变故，对唐寅的打击并不仅仅限于精神层面。从小生活于顺境中的唐寅，精神脆弱，对齐家治业更是完全陌生。家人的亡故，接踵而至的便是家庭破落。人生的沉重挫折，使唐寅几乎崩溃，从此又回到了张灵的队伍，自甘堕落，纵酒街头，读书求进更是无从谈起。

困顿中的唐寅，所幸得到好友祝允明的帮助。祝允明的外祖父，乃是迎英宗复辟有功而鼎鼎大名的徐有贞，在地方享有极高的威望。祝允明为人风趣洒脱，才华横溢，与唐寅、文徵明、徐祯卿被称为"吴中四才子"。对唐寅的不幸遭际，祝允明深为同情。文徵明的父亲文林，更是对唐寅"痛切督训"。祝、文二氏是地方有名的官宦之家，正是因为他们的同情与帮助，唐寅才重新鼓起生活的勇气，振作精神，继续致力于科举，一心谋取仕途功名。

唐寅的努力，果然如期成功。弘治十一年（1498年），二十九岁的唐寅到南京参加乡试，一举中举，并名列第一，成为"解元"。乡试中的第一名"解元"、会试中的第一名"会元"与殿试中的第一名"状元"，便是读书人梦寐以求的"连中三元"，而唐寅无疑成功走出了梦想中的第一步。

更可喜的是，乡试获中"解元"的唐寅，受到了主考官梁储的赏识，并将其推荐给了另一位京官程敏政。

程敏政（1446—1499），字克勤，休宁人。程敏政的父亲程信，是个精通经术的儒臣，历官至南京兵部。程敏政从小跟随在外地做官的父亲，十岁被巡抚罗绮称为"神童"，并推荐给明英宗。明英宗见后非常高兴，将其留在翰林院读书。成化二年（1466年），程敏政进士及第，尔后进讲东宫。明孝宗即位后，又擢程敏政为少詹事，兼试讲学士，为皇帝讲解经学。

程敏政是个典型的"官二代"，岳父李贤曾官至吏部尚书。有着神童经历的程敏政，一生恃才自负，很少正眼看人。自己瞧不起别人，同样不招同僚喜欢，"颇为人所疾"的程敏政，免不了在官场上要吃哑巴亏。弘治元年（1487年），大明朝很多地方暴雨成灾，御史王嵩等认为这与程敏政的德性有关。官德影响气候，倒也符合传统的"气象理论"，程敏政由此被免去职务，四年后才重新复职，最后又一步一步爬到了礼部右侍郎的位子上。

看不起同僚，程敏政却对青年才俊情有独钟，大概这就叫气味相投，惺惺相惜。程敏政看到唐寅的文章，大为赞赏，一高兴还将唐寅请到家中。从此，唐寅与程敏政有了密切交往，唐寅无疑就是程敏政的门生。

唐寅与程敏政之间的交往，有着文人交流切磋的属性，但二人的资历远不在一个层面上，所以师生的属性更中肯一些。唐寅对程敏政同样非常崇拜，作为一个才华横溢的青年学子，目空无人在所难免，但程敏政以其真才实学征服了唐寅。程敏政有一篇文章写得非常精彩，唐寅找其索要，程敏政痛快地抄给了他，唐寅郑重地送给程敏政一个金币，算作"润笔"。

从唐寅与程敏政的个性看，这种"付费阅读"并不带有贿赂的性质。唐寅付钱，是一种对师长知识产权的尊重；程敏政收钱，属于礼尚往来，他不是一个贪得无厌的人，也根本不缺这一个金币。

唐寅结识程敏政，对自己的仕途进步显然是有益的。这种未来前景的鼓舞，更使唐寅摆脱了家庭灾难留下的阴影。在这期间，唐寅也重新娶妻，开始了正常的生活。美好的明天，又在向唐寅招手……

二、飞来横祸

弘治十二年（1499年），唐寅赴京参加会试。作为乡试的"解元"，会试能进士及第应该是正常的。文化发达地区全省第一的考生，如果在全国统考中名落孙山，反而有点意外。

与唐寅一道进京应试的，还有两位同乡朋友：一个是徐经，另一个是都穆。徐经与都穆，同样很有才华。其中的徐经，家里还特别有钱。

明代的会试，制度相当健全。会试之前，主考官究竟是谁除了皇帝与礼部尚书，主考官本人也不曾知道，更别说普通的社会人士。但这一年会试的主考官，恰恰是程敏政与李东阳。李东阳与程敏政一样，是个饱学之士，当年参加殿试，名列二甲第一，也就是全国第四，并且"以文章领袖缙绅"。遇上这样的主考官，只能说唐寅的运气有点好。

两个考官学问太大，对考生来说则完全是一件可怕的事。以他们的学问，随便一道题，肯定都要折磨死一批考生。会试要进行三场，第三场是"策问"。这一场的试卷刚发下来，整个考场就炸锅了！

炸锅的原因，是大家根本看不懂题目。题意都看不懂，下笔还不靠蒙？《会试策问》的第三道题为程敏政所出，原题是这样的：

"问：学者于前贤之所造诣，非问之审、辨之明，则无所据以得师而归宿之地矣。试举其大者言之：有讲道于西，与程子相望而兴者，或谓其似伯夷；有载道而南，得程子相传之的者，或谓其似展季；有致力于存心养性，专师孟子，或疑其出于禅；有从事于《小学》《大学》，私淑朱子者，或疑其出于老。夫此四公，皆所谓豪杰之士，旷世而见者。其造道之地乃不一如此，后学亦徒因古人之成说，谓其尔然。真知其似伯夷、似展季、疑于禅、疑于老者，果何在耶？请极论之，以观平日之所当究心者。"

题中"旷世而见"的四位"豪杰之士"是谁？只有程敏政知道是宋代的张载、杨时、陆九渊和元代的许衡。但作为考生，要知道这个答案，除非将汉代到元代的"中国思想史"通读一遍，并且熟知这四位的专著。否则，只有开启想象功能，撞撞自己的运气。

但较真起来，程敏政的这道题，又没有超出明朝"考试大纲"的范围。因为那四位，都是理学名家。所以，答不上题，只能怨自己读书少，不能怪老师出题刁。

但走出考场的考生，骂自己不用功的历来就少。考砸的考生，从来都习惯归罪于试题雷人。与众考生满面悲愤不同的是，竟有两个考生笑逐颜开。这两人，一个是唐寅，另一个便是徐经。

从《明史·程敏政传》看，唐寅与徐经考前曾在一起"预作文"，也就是模拟考试。恰恰有一次模拟考试，出现了奇迹："预作文与试题合"。这种巧合概率当然很小，但中"六合彩"的事毕竟是有的。这到底是唐寅与徐经的运气，还是程敏政涉嫌"鬻题"？应该是前者，因为"预作文"完全与程敏政无关。

唐寅与徐经走出考场，看到同年们个个苦着脸，居然觉得不可思议。别人说太难，他们说太易，并且大肆炫耀自己猜中了考题。正常的情理，一个向人买题的人，通常都会装作没考好。故意向人卖弄，那就是智商有点问题。而唐寅与徐经，显然属于智商发达的人。

如果唐寅与徐经的智商出现短路，程敏政的智商肯定正常。想出这么冷僻的题目折磨考生，程敏政显得自鸣得意。评卷时，程敏政发现很多考卷牛头不对马嘴，动作夸张地讥讽举子不用功。当发现有两张试卷答题贴切，文辞优雅，程敏政又开始卖弄自己"神算子"的奇功：这两张卷子，肯定是唐寅和徐经的！

其实，作为考官的程敏政，这是在猜想，因为评卷人员拿到的试卷，考生信息是弥封的，试卷上的字迹也是统一誊录的。如果自己做了亏心事，打死他也不会这么说的。

重要的一场考试，众人考砸，唯有唐寅、徐经猜中"标准答案"，唐寅又是乡试第一，其会试第一的概率越来越大了。唐寅的兴奋难以言表，另一个人的郁闷便理所当然。这个人，当然是都穆。

唐寅、都穆、徐经，三个人一道前来应试，如今两个人考得很得意，失意的自然只剩下他一人。心情糟透的都穆，来到马侍郎家喝酒，作陪的还有给谏华昶。几个人在一起闲谈起来，话题很快从给都穆宽心，转到了对试题的质疑。出题的是程敏政，猜中的恰恰是他的门生，这天下的事，怎么能这么巧呢？最后达成共识：一定是程敏政将试题卖给了唐寅和徐经！

运气好时六合彩都能中，运气不好时煮熟的鸭子都能飞。程敏政平时在官场不得人缘，但与华昶也没有直接的冤仇。不幸的是华昶有个朋友傅瀚，与程敏政同在礼部。人缘好坏是表面的，利益冲突才是根本的，傅瀚与程敏政正在暗暗竞争礼部尚书的位子。一个人的失败，就是另一个人的成功，这个道理过于简洁，傅瀚这回看到了机会。

傅瀚立马鼓动华昶参劾程敏政，华昶就此给了程敏政致命一击："国家求贤，以科目为重，公道所在赖此一途。今年会试，臣闻士大夫公议于朝、私议于巷，翰林学士程敏政假手文场，甘心市井。士子初场未入，而《论语》题已传诵于外；三场未入，而策之第三、四问又传诵于外。江阴县举人徐经、苏州府举人唐寅等狂童孺子，天夺其魄，或先以此题骄于众，或先以此题问于人。此岂科目所宜有、盛世所宜容？臣待罪言职，有此风闻，原陛下特敕礼部，场中硃卷，凡经程敏政看者，许主考大学士李东阳与五经同考官重加翻阅，公为去取，俾天下士就试于京师者咸知有司之公。"

明孝宗接到华昶的奏疏，立即令礼部调查。李东阳进行审查，发现由程敏政看过并拟取的考生中，根本就没有唐寅与徐经。程敏政拍案叫绝的那两份试卷，其实是另外两位高手的。

按理这件事应该到此为止，但言官和朝中一些大臣又提出新的质疑：李东阳与程敏政都是考官，这种查法有失公正。为了取信于社会，明孝宗遂令锦衣卫查处。

锦衣卫的专业与科考对不上号，但他们查案子讲究手段，方法对不对那是不管的。锦衣卫人员根本就不看试卷，而是直接将华昶与徐经、唐寅叫来对质。结果，公说公有理，婆说婆有理。审不清，断不明，锦衣卫便使出自己的"专业技能"：打！

身陷囹圄的徐经、唐寅，受尽折磨，所谓"身贯三木，卒吏如虎，举头抢地，夷泗横集"。书生说理，尚能道出个一二三四，这棍棒猛打，骨头就太嫩了。唐寅扛不住，被迫服诬认罪，供称程敏政曾受其金币，出卖试题，虽然自己买的是程敏政的另一篇文章。

文人怕打，也怕失气节。打的时候，徐经与唐寅承认买题。不打的时候，二人又喊冤叫屈。定罪的证据，除了口供，什么都没有。另外的言官便站出来讲直话，认为这样办案也不公平。

这桩案子，闹了四个月，事实真相其实一开始就很清楚，只是诸多官员介入，哪一方都不好收场。最后，明孝宗以程"临财苟得，不避嫌疑，有玷文衡"为由，勒令程敏政致仕；徐经、唐寅有"贪缘求进之罪"，责令"黜充吏役"；华昶"言事不察实"，降职调离北京，任南京太仆寺主簿。因为官场的明争暗斗，程敏政、华昶与徐经、唐寅谁都没有好处，一齐沦为输家。

最后的赢家是傅瀚与都穆。弘治十三年（1500年），傅瀚如愿以偿，升礼部尚书。考官们为避免惹祸，违心地将本已排名在前的考生，一齐"褫名"。都穆的排名本来靠后，现在自然靠前了。不过，这位高中进士的都穆，由于人品太差，终因"陷寅为世所薄"。

三、孤独的真相

"黜充吏役"，对唐寅的处罚有点重，但也算不上绝对致命。"黜充吏役"说白了，就是不能当领导干部，只能做办事员，"就业"还是没问题的。按照这个处分，唐寅日后不能再考进士，但平反的机会还是有的，毕竟是个冤案。眼下做个小吏，并不意味着一辈子仕途无望。

但唐寅一生自视甚高，这场打击几乎将其精神摧毁。科举蒙羞，唐寅根本就不甘为小吏，从此绝意仕途。归家后的唐寅纵酒浇愁，陷入曾经的堕落。不久，又对绘画情有独钟。

传统文人画，有着"书画同源"的特质，唐寅步入其途并无太大的障碍。绘画与人性的中心价值统一，往往成为渴求心灵完善者的精神需求。唐寅决计以诗文书画终其一生，其绘画的引路人是周臣。

周臣，字舜卿，号东村，与唐寅同乡。周臣乃是吴门画派的先驱，其院体画功力深厚。周臣的两位高徒便是唐寅、仇英，师徒让明代的绘画史异彩纷呈。艺术是基于天赋的，唐寅天赋异禀，在周臣的帮助下完成了文人画家向职业画家的身份转换。

唐寅的身份转换有着很大的意气成分，也是社会价值观嬗变背景下的个性使然。功名之外的从艺者，正在被社会接纳为精英。接下来唐寅要做的一件事，便有一些"违法"的色彩——

"读万卷书，行万里路"，一直被视为"脱去尘浊"的文人行径。其实，这在明朝是完全违法的。明初的朝廷规定，"旅行"只能是一种公务行为，平民未经官方批准离开居住地百里，即构成违法要责杖八十。唐寅只在与周臣商量之后，便开始了游历名山大川。但唐寅的行为并未受到追究或指责，百年后的王朝，一些律法开始成为一纸空文。

明弘治十三年（1500年），唐寅离开苏州，乘船至镇江，复至扬州，游览瘦西湖等名胜。然后，溯江而上，芜湖、九江、庐山、黄州，在赤壁之战遗址前留下了《赤壁图》。尔后，唐寅又南行湖南，登岳阳楼，游洞庭湖，攀南岳衡山，再入福建游武夷山，由闽转浙游雁荡、天台，又渡海去普陀，再沿富春江、新安江上溯，抵达黄山、九华。

唐寅壮游千里，历时近一年，因囊中告罄而返回苏州。这时的家中，早已一贫如洗。贫贱夫妻百事哀，正常的日子都过不下去，妻子无语，唐寅无奈，二人就此分手，剩下一个孤零零的所谓"才子"。

一无所依的唐寅，住到了街头的一座旧楼里，与其说以丹青自娱，不如说是靠卖文鬻画为生。文人淡泊名利，掩盖了背后的生活困顿。他在一首诗中写道："不炼金丹不坐禅，不为商贾不耕田。闲来写幅丹青卖，不使人间造孽钱。"

唐寅的生活是极度贫困的，除夕来临，百感交集，笔下的诗意其实全是泪水："柴米油盐酱醋茶，般般都在别人家。岁暮天寒无一事，竹堂寺里看梅花。"

三十六岁时，唐寅移居城北桃花坞。桃花坞，看起来倒有几分诗意，过去这里曾有章庄简的别墅，但那已是几百年前的事了。如今，历尽风雨沧桑，这里早变成一片废墟。但在唐寅的眼里，荒凉就是幽静，破败即是风光，忽悠自己，唐寅的水平绝对在开发商之上。唐寅用卖画的钱在这片荒地上建了几间茅屋，"豪华装修"是在檐下挂上"学圃堂""梦墨亭""蛱蝶斋"的牌匾，人称"桃花坞别墅"。

唐寅一生酷爱桃花，将茅屋取名"桃花庵"，并自号"桃花庵主"。令他高兴的是，好友沈周、祝允明、文徵明等常来此饮酒赋诗，挥毫作画，尽欢而散。

这种落魄文人的生活，唐寅将其抒写成《桃花庵歌》："桃花坞里桃花庵，桃花庵下桃花仙。桃花仙人种桃树，又摘桃花换酒钱。"

这就是风流？祝允明在《唐寅畏墓志并铭》中是这样写的："日般饮其中，客来便共饮，去不问，醉便颓寝。"

孤独，无疑是唐寅的真相。

四、才艺的凶险

遭受科场与生活重大打击后的唐寅，其实也是颓废的。他频频流连于烟花柳巷，诗词和绘画作品，主题多在女色与享乐，唐寅生活在以自我为中心的世界里。

主观上远离社会，客观上又不可能与社会隔绝。这时，有一只黑手，悄悄伸向了唐寅。

这个人便是宁王朱宸濠。朱宸濠乃明太祖朱元璋五世孙，宁王朱权后裔，明孝宗弘治十年（1497年）袭封于南昌。朱宸濠生性不羁，却善于以文行自饰。宁王朱权一脉，一直不甘于寂寞。当年明成祖朱棣许以"天下中分"，最终却给了一张空中画饼。尽管几率渺渺，但太祖这一脉的政治企图生生不息；等到明武宗即位，宁王朱宸濠的政治野心急速膨胀。

明武宗朱厚照（1491—1521），明朝第11代皇帝，在位16年，年号正德。

朱厚照的生辰是个"吉祥号"：他生于亥年、戌月、酉日、申时，倒过来看顺序正是申、酉、戌、亥。如果命理也是个理，他的一生应该工作顺利，万事如意，但事实上他的一生始终相当别扭，让后人难以看懂。《明史》认为他一生贪杯、好色、尚武、耍无赖，荒淫暴戾，怪诞无耻，并成为后世的谈资。但他的事迹，又显出他刚毅果断，瞬间诛灭刘瑾，轻易平定安化王、宁王之乱，指挥出应州大捷，使国泰民安，并且都不是吹的。

朱厚照其实是个很守规矩的皇帝，零花钱不够，他想到的是自己开店，没办法的时候才跟户部要赖。正德元年九月,朱厚照要添置龙衣,派人找户部要剩余的盐引。盐引即"盐钞",取盐凭证,属于"有价证券"。户部尚书韩文根本不买账,说食盐专卖收入只能用于国防建设。结果,钱没要到手,六科、十三道加上都察院,几乎所有的言官都打了鸡血似的起来讨伐皇帝。户部在大臣和皇帝之间夹着,难以做人,提出一个折中的办法,能否给个一半——就是开价一万二,给个六千引。皇帝与户部讨价还价,不仅没有结果,反而是反对的更多。

最后,朱厚照无赖劲上来了:不给一半,就给百分之五十吧!

通过这件事,不仅朱厚照看出了皇帝不好当,太监与外廷权力有冲撞。大臣们也看出来了,这个皇帝同样不好控制。

任何一桩买卖,都是要为自己谋得利益。正德初年的经济风波与政治风波,无非是朱厚照改革与执政的试水,朱厚照就此巩固了自己的权力,也学会了当外廷对他产生威胁时,毅然选择内廷作为平衡工具。后来权倾一时的刘瑾,也是凭借着自己超强的政治能力,就此走上明朝的政治舞台,开始了他三年零十个月对明朝影响巨大的政治生涯。但他聪明的盲点,是他没有明白当自己威胁到朱厚照权力的时候,朱厚照还有灭他的大臣。这是明王朝政治体制的精妙之处,也是刘瑾悲剧的根源。

对朱厚照来说,比他做买卖更有魅力的事是享有豹房。豹房的持久魅力,对后人来说在于它的娱乐性,豹房相当于"红楼",里面有标准更高的"莞式服务"。这种国家最高性服务机构,标准高到什么程度?智商有多高,标准就有多高。

所谓"豹房",本是一个不可或缺的官办动物园,因为珍禽异兽往往是"祥瑞"之物,养起来对国家太平与人民幸福有好处;另一重意义在于,有些珍禽异兽是狄夷属国的"贡物",是国家国际地位的象征,人家送来了你必须好好养着,如果人家送你"大熊猫",你拿它当狗杀了、煮了,就是"无赖国家",至少没有品位。

明武宗的豹房,实际上是个办公场所,与享乐主义和淫靡之风没有太大的关系。这跟领导不在办公室,到宾馆办公是一样的,图的只是一个方便。并且,明武宗就是病死在这个工作室里的。硬说他病得起不了床还淫乱,那是很不合逻辑的。荒淫,又日理万机,明眼人应该看出一些。

朱厚照的性格,是相当柔弱的。按照制度,皇帝不能轻易出城,朱厚照想到的是化妆成老百姓。巡关御史张钦发现了皇帝,便以休息为名将朱厚照扣留在自己的办公室。在办公室里,朱厚照不耐烦地要求张钦放行。张钦说,这个得有文件啊!一个要出,一个不准出,这就叫扯皮。朱厚照试探性地问:"如果我们非要出去怎么办?"张钦放出狠话:"擅自出关,公事公办,杀!"论权力,论杀人,皇帝肯定是老大,但朱厚照选择了回家。

失败是成功之母,后来朱厚照改名"朱寿",自己任命自己为"威武大将军",文件手续也齐全了,才成功地出了一次京城。

窥视中的朱宸濠,正是看中了朱厚照的懦弱,决定夺取最高权力。他先准备智取,企图以己子入嗣朱厚照,兵不血刃取得皇位,但没有成功。智取不成,朱宸濠只有做全面的准备。

正德九年(1514年),宁王朱宸濠派人来吴地进行大规模的人才招聘。这一年,朱宸濠再次被恢复护卫,获得兵权,他的"人才工程"显然是为自己的"宏图大业"招兵买马。唐寅的几个朋友,都进入了宁王朱宸濠的视野,但招聘结果并不理想。朱宸濠亲自给文徵明写信并送去重金,让其担任幕僚,但文徵明以身体欠佳为由,没有答应。

朱宸濠同样看上了唐寅,派人送去了重礼。没听说唐寅有造反方面的天赋呀!朱宸濠为什么会想到唐寅呢?其实,朱宸濠是在做人才储备,他的人才清单意图也相当明显:一个是政治失意,一个是社会名流。为图大事,朱宸濠"欲招致四方材名之士"。唐寅中过解元,诗书画的知名度很高,宁王朱宸濠主要是"慕其书画名"。而唐寅的这种特殊才能,将会派上十分特殊的用场。

长期失意的唐寅,建功立业的心愿并未完全泯灭,始终希望能有个机会,一展自己的抱负与才华。朱宸濠的"诚意",显然打动了唐寅。正德九年(1514年)

秋，唐寅来到了南昌。在这里，宁王特地为唐寅建了一套别墅，另外还为他准备了十位美女模特。仕女画，唐寅最为擅长。但朱宸濠不惜重金收罗美女，并不是为了提高唐寅的业务水平。在朱宸濠的眼里，朱厚照是个好色的昏君，朱宸濠希望唐寅的"十美图"尽快震撼面世，然后送给朱厚照，从而产生绝妙的功效。

宁王也算是一个风雅之人，经常与唐寅谈诗论画。以一个文人雅士的眼光，是看不出阴谋家的险恶的。但有一天，唐寅拜访了一个朋友，自己的幻想也就此破灭。

这个人，就是王秩。王秩，字循伯，官江西副使，备兵南赣。王秩认为朱宸濠是个"有异志"的藩王，现在的所作所为非常值得怀疑，断言朱宸濠"必且为乱"，并大胆预言：宁王朱宸濠犯上作乱，"不出十年矣！"

王秩的启发，使唐寅有了警觉并开始观察。他发现宁王的交往十分复杂，除了风雅之士，更多的是些不三不四的人，甚至还有社会流氓。而宁王与自己的交谈，于"酒间语涉悖逆"。唐寅如梦惊醒，感到了恐惧。

唐寅现在必须考虑如何避嫌，逃离宁王府。方法是装疯。唐寅全身一丝不挂，大张着两条腿，生殖器露在外面，还用手乱弄。唐寅的疯傻之举，让宁王既失望，又害怕。一个疯子在府上，对自己既无用处，还可能坏了自己的大事，最好的办法，就是把他遣送回家。

正德十年（1515年）三月，唐寅重新回到了吴中。

五、名节之痛

正德十四年（1519年），宁王朱宸濠叛乱事败，与朱宸濠过从甚密的尚书陆完被逮，嬖人钱宁等被籍没其家。李梦阳因为其作《阳春书院记》，以"党逆罪"第四次被关进了监狱，后经杨廷和等营救才最终得以免祸。

一度投在宁王门下的唐寅，自然受到牵连。据《风流逸响》记载：朱宸濠事败后，唐寅涉案。唐寅离开朱宸濠是在他叛乱之前，也没有实质性唐寅介入宁王谋反的证据，查处宁王案的官员，对唐寅比较同情，只发现他在宁王府曾写过一首赠宁王的诗："信口吟成四韵诗，自家计较说和谁？白头也好簪花朵，明月难将照酒卮。得一日闲无量福，作千年调笑人痴；是非满日纷纷事，问我如何总不知？"

这首诗谈不上有诗意，但正是这首诗把唐寅给救了。官员们认为这首诗表达的根本就不是什么异志，说明唐寅算不上朱宸濠的同党，也就顺手把唐寅给放了。

其实，对唐寅最致命的打击就在宁王这里，唐寅怀着建功立业的初衷，投奔了宁王。最终为了脱离灾祸，又不惜自辱而逃离。归途中，唐寅又写了这样一首诗："东风吹动看梅期，箫鼓联船发恐迟。斜日僧房怕归去，还携红袖绕南枝。"

唐寅为什么"怕归去"？因为他建功立业的理想没能实现，佯狂行为更让其陷入名节之痛，与亲友相见都感到难堪，立德、立言的文人理想，不得不就此彻底放弃。唐寅自述："夫太上立德，其次立功，其次立言。寅遭青蝇之口，而蒙白璧之玷，为世所弃。虽有颜冉之行，终无以取信于人；而夔龙之业亦何以自致？徒欲垂空言，传不朽，吾恐子云剧秦，蔡邕附卓，李白永王之累，子厚叔文之讥，徒增诟辱而已。且人生贵适志，何用心镂骨，以空言自苦？"

杨雄作过《剧秦美新》歌颂王莽新朝，蔡邕曾为汉贼董卓的嘉宾，李白做过永王李璘的座上客，柳宗元也曾是王叔文集团的骨干分子。唐寅所说的四个人，与自己非常相似。但这些人，对古代的士人来说都是非常不光彩的。在唐寅自己的意识中，已经属于失节之人。这四人在立言上有很大的成就，还是被人诟辱，何况是不能与之同日而语的自己呢？

身心俱被摧残，痛苦绝望的唐寅从此放弃了立言之想，不再空言自苦，彻底投入诗酒书画的怀抱，追求适意人生。而对唐寅的心灵之痛，同辈好友给予莫大的理解与同情。祝允明《唐子畏墓志并铭》中，更多谈到的是唐寅科场案的不幸，刻意回避唐寅做客宁王府的经历。

逃过宁王之劫，唐寅思想日趋消沉，从此遁入佛教，自号"六如居士"，他给自己治了一方印："逃禅仙史"。

现实生活中的唐寅，后半生基本上靠卖文、卖画为生。生意好时，还能遇上"大客户"。聚集苏州的徽商很多，唐寅传世之作《椿萱图》，便是为歙县商人黄明芳所作，供其父六十大寿时祝寿之用。这样的作品，酬金自当不菲。但这种好生意毕竟很少，加之年老多病，不能经常作画，且画也卖不出去，以此谋生的唐寅，更多的时候生活窘迫，甚至断炊。风流，多是后人的想象……

六、只当漂流在异乡

唐寅的人生轨迹，因朱宸濠而剧变。朱宸濠的人生轨迹，则因王阳明而彻底改变——正德十四年（1519年）六月，朱宸濠发布檄文，声讨朝廷，集兵号十万蔽江东下，欲攻取南京即帝位，但短短的四十三天，即被王阳明所消灭。

王阳明与唐寅，弘治十二年（1499年）一起参加朝廷的会试。在这次会试中，唐寅身陷震动朝野的科场舞弊案，开始了潦倒、放浪的生活。王阳明则高中二甲，开始了他坎坷而辉煌的政治生涯。同一场会试，将他们偶然地拉到了一起，又将他们抛向不同的境地：一个处于政治斗争的中心，为朝廷建立了丰功伟业；而另一个则流落于市井，成为一个落魄文人。一个历经曲折，成为一代学人的精神导师；另一个则放浪形骸，自娱自乐，成为一个靠卖画为生的艺人。二人相较，不啻天壤。

这时的唐寅，已经离开了朱宸濠四年多，唐寅与王阳明似乎找不到什么瓜葛。但是，唐寅恰是一个被王阳明改变的人。王阳明是继朱熹之后的一位大儒，其"心学"开一代风气，引爆了明朝后期思想解放的大潮。中晚明的思想革新潮流，催生了王阳明的"心学"，而王阳明的"心学"，又加速了唐寅式的个体意识觉醒。唐寅一生豪迈任侠，精于书画，好酒色，诗文迥异时流。作为一个时代的牺牲品，一个被上层社会所拒绝的人，在这种风气下，迅速为下层文化、民间文化所认同。被上层文化、精英文化所摈弃的唐寅，由于主动接近下层民众，成为众所追随的先行者。作为艺术形象的唐寅，其实远离了真实的唐寅。

唐寅流传最广的传奇，当然是"三笑"，见于万历年间项元汴的笔记《蕉窗杂录》。而类似的故事，更见于元代的传奇。《蕉窗杂录》中的秋香，则是明朝成化年间的南京妓女林奴儿，她比唐伯虎足足大二十岁。林奴儿，一名金兰，号秋香，也曾学画于沈周，算是唐寅的同门师姐。林奴儿后来脱籍从良，有旧相好欲与之再叙旧情，她画柳于扇，题诗婉拒："昔日章台舞细腰，任君攀折嫩枝条。如今写入丹青里，不许东风再动摇。"

唐寅的真正红颜知己，是苏州名妓沈九娘。青楼之中，唐寅认识了这位官妓，但她嫁给唐寅时，早已人老珠黄。这对唐寅来说，也是落魄之际的无奈选择，很难涂上"风流"的色彩。最多就是在他最困难的时候，沈九娘给了他精神上的慰藉。不幸的是，两年之后沈九娘病逝，这令他十分悲痛，常常借酒消愁。在《扬州道上思念沈九娘》中，唐寅发出了无奈的悲声："相思两地望迢迢，清泪临门落布袍。杨柳晓烟情绪乱，梨花暮雨梦魂销。云笼楚馆虚金屋，凤入巫山奏玉箫。明日河桥重回首，月明千里故人遥。"

"我愧虽无李白才，料应月不嫌我丑。我也不登天子船，我也不上长安眠。姑苏城外一茅屋，万树桃花月满天。"郁郁坎坷一生，五十四岁的唐寅终于在穷困潦倒中故去。他有这样一首绝笔诗道："生在阳间有散场，死归地府也无妨。阳间地府俱相似，只当漂流在异乡。"

各放异彩的唐寅故事，都是唐寅生命结束之后的事。其实，唐寅从未自称过"江南第一才子"，也没有银子与"秋香"风流，妻子在其蒙冤下狱后离去，落魄的中年他娶沈九娘为妻，大概是沈九娘的"九"，让他"娶"了九个"妻妾"……

戚继光：英雄的另一面

以推翻异族而立国，因异族颠覆而亡国，民族矛盾贯穿始终的明朝，最著名的民族英雄戚继光，却与这些全然无关。

一、幸运与不幸

戚继光（1528—1588），字元敬，号南塘，晚号孟诸，汉族，登州人。

正常情况下，戚继光应该是个很普通的人，历史上根本翻不出他的名字。但他的家族很幸运，又很不幸，戚继光便成了一个不普通的人。

戚继光的先祖本居定远，跟明太祖朱元璋的老家有点近。地利之缘，元末朱元璋起兵时，戚继光的六世祖戚祥也跟去了，打了三十年的仗。明朝开国，戚祥功劳不算大，但枪林弹雨中活下来，也是相当不容易。论功行赏，戚祥在应天卫当了个六品百户，大约就是首都卫戍部队的团级军官。但胜利的果实戚祥没有分享太久，明洪武十四年（1381年），明军收复云南，他不幸中箭牺牲了。这位并不起眼的老乡，阵亡后让太祖很是感慨，授其子戚斌为"明威将军，世袭登州卫指挥佥事"，职级较他爹连升了四级——正四品。

戚斌捡了个官帽，却离开了繁华的京城，来到荒芜的登州安家落户。正所谓"塞翁失马，焉知非福"，在明初纷繁的政治角斗中，这个家族远离了是非之地，官职顺利世袭罔替。但这种世袭只限于嫡长，戚继光的祖父戚宁系次子，世袭权属于其兄戚宣，戚宁需要回到平民堆里，孙子戚继光自然就是"民三代"，大名只能留在家谱上了。

命运的改变往往是偶然的——戚宣很不幸，始终没有子嗣。最终，戚继光的父亲戚景通成了戚宣的嗣子，戚继光幸运地由"民三代"变成了"官二代"。

戚景通世袭了登州卫指挥佥事一职，他为官清廉，为人正直。作为一名军官，戚景通武艺高强，先后任江南漕运把总、山东总督备倭、大宁都司掌印官、神机营副将等。明军三大营之神机营，是明军的精锐，布置在京城。戚景通入选神机营，可见其政治合格、军事过硬。

因为父亲的缘故，戚继光在京城度过童年。六岁时，戚继光潜入神机营玩耍，一不小心点着了火药。不知是火药质量太差，还是戚继光的命太好，他竟然死里逃生。否则，这位伟大的民族英雄，早已夭折在意外事故中。

戚继光的父亲吓得不轻，赶紧把这个好奇又捣乱的儿子送回老家。从此，戚继光与祖母生活在了一起。到了读书的年龄，祖母让他在登州读书。军营卫所的教育质量很平常，戚继光的书也读得很一般，比较出色的是打架，并且是个领头的。换个角度说，这对靠读书谋取功名的人来说是个坏事，而对日后的职业军人来说反而是个好事。

嘉靖十七年（1538年），戚景通辞官归里，一家人在登州团圆。不幸的是，戚继光母亲张氏不久故去。十岁的戚继光悲伤至极，所幸的是继母王氏贤惠，视戚继光如己出。晚年的戚景通一心教子，激励儿子要做顶天立地的英雄，从而使戚继光从少年时代起，就树立起宏大的志向。

十三岁时，戚继光有过一次街头的见义勇为，救了一对受人欺负的母女。虽然这只是一个少年的性情冲动，倒见出戚继光是一个有血性的人。这件事引起了总兵王栋的注意，他特意召见了戚继光，见其"状貌庄严，丰神朗润，隆准方颐，声语洪远，沉毅有大度"，对这个少年有了很好的直觉印象。戚继光的父亲趁机上门提亲，王总兵虽觉得有点不够门当户对，但又看上了戚继光。天下哪有十全十美的事，王总兵将就着答应了。

嘉靖二十三年（1544年）六月，戚继光的父亲一病不起。自知来日无多的戚景通，让戚继光到吏部办理袭职。这一去，竟是父子的诀别。这年八月，戚景通去世。两个月后，戚继光办完了袭职登州卫指挥佥事的手续，回到了登州。

这一年，戚继光年仅十六岁。

嘉靖二十五年（1546年），十八岁的戚继光被正式授予登州卫指挥佥事之职。也就在这一年，他娶妻"万户南溪王将军栋女"。戚继光的青少年时代，虽有父母故去的家庭不幸，但没有任何艰辛与努力，轻松地成为了正四品的官员，并且还拥有了总兵老岳父这座"靠山"。如果不是命运的垂青，从寒门子弟起步，戚继光再努力十八年，也不一定能跻身官场。继续奋斗十八年，也不一定能成为"高干"。

幸福生活，唾手而得。但戚继光并没有就此安逸，因为他是一个有志向的人。

二、奋斗的尝试

靠运气，一步登天很简单。真正要自我奋斗，那是不容易的。

戚继光担任了卫指挥佥事，秩正四品，看起来是个大官，其实并无多大的权力，想有所作为就更难了。明朝的军制是实行军屯，卫所里的士兵大部分时间在种地。一个卫一般有五千名士兵，长官是卫指挥使，副手是卫指挥同知，下面是一大堆卫指挥佥事。戚继光担任的登州卫指挥佥事，不过是个二级机构负责人。卫指挥佥事一般分掌训练、军纪，而戚继光具体负责的又是登州卫的屯务，说好听点是分管后勤工作，实际上就是分配士兵种地，属于在专业部门干非专业的事。种地都能种出英雄，起码到明朝为止，还找不出相关的历史记录。

明朝的官场风气，世袭的官员因为来得容易，也普遍被人瞧不起。没有"进士"这张文凭，你的身份就是小广告办证的给弄出来的。被社会尊重的，是科班出身。戚继光决心改变自己的身份，毕竟他是一个有理想的青年，与纨绔子弟大不相同。

刻苦准备了三年，嘉靖二十八年（1549年）戚继光参加了武举乡试。一分汗水一分收获，戚继光一举中举。

踌躇满志的戚继光，第二年赴京会试。不过，戚继光考得很糟糕，就像现在的体艺类高考，戚继光的专业出色，文化课真的不行。虽说戚继光是"一颗红心，两手准备"，但他做梦都没有想到，还要有第三种准备。

交白卷也是可能出英雄的，戚继光鼓起勇气准备交卷。就在这时，兵部侍郎杨守谦跑来了，在考棚里大声喊：都把笔扔了，赶紧跟我抄家伙！

考生们以为是试题有错要换卷子，其实是俺答的大军来了——这就是"庚戌之变"。

"庚戌之变"，是明朝继"土木堡之变"后的第二次重大危机。嘉靖二十九年（1550年）秋，蒙古俺答部攻陷京城外围的密云、顺义，进逼京城九门。京城兵力不足，朝廷只好将前来应试的武举人投入战斗。戚继光临时受任总旗牌，督防京城九门，就是负责向九门传达命令，并监督命令的执行。

真打仗，戚继光这是第一次。当兵这么多年，戚继光也是第一次见到了真敌人。

"庚戌之变"危机解除，明朝北方的局势依然严峻。为了加强边防，明廷令各地卫所选拔一批精壮士兵，到长城一线协防。从此，戚继光开始了戍边生涯。

以科举谋取功名，不适合戚继光，他也没有继续往前走。但应试麻烦，戍边更艰辛。戚继光在一首诗里写道："歧路驱驰报主情，江花边月笑平生。一年三百六十日，都是横戈马上行。"

这诗的解读，相当麻烦：有人读出了志气，有人读出了怨气。到底什么意思，只有戚继光自己最清楚。机械地重复单调的工作，正常人都会有点牢骚。

戚继光驻守的地方又是蓟门，蓟门为明朝的四大防区（宣、大、蓟、辽）之一。因为太重要，所以高级军官多，戚继光的四品衔根本排不上号。在这里，戚继光只能巡哨。指挥军队，那是领导的事；站岗放哨，那是士兵的事。戚继光的日子不爽，好歹轻松。

业余时间里，戚继光没有打牌、喝酒，而是认真地写了篇专业军事论文，对明朝的边防进行了系统的理论思考。明朝的武将多是大字不识，戚继光的这篇《备俺答策》，引起了兵部官员注意，发表在兵部"内刊"，供京师一带的守将学习，戚继光很是风光了一阵。但红了一阵，就再也没有下文。几乎白白混了三年，边境形势趋缓后，戚继光重新回到了山东。

五年后的嘉靖三十二年（1553年），戚继光升任山东总督备倭。这个时候，明朝的"南倭"形势明显压过"北虏"问题。正是由于"倭寇"问题的升级，戚继光走到了历史的前台。

三、倭寇的面目

中国的"倭寇"之患由来已久，十四、十五世纪日本进犯朝鲜半岛，构成对中国的军事威胁。元朝曾两次攻打日本，但最终庞大的海军因遭遇台风而告失败。明初方国珍、张士诚余部曾勾结倭寇进犯山东，但同样没有造成太大的影响。地理常识告诉我们，中日之间大海阻隔，渡海太难了——日本船史著作《船的世界史》道："自公元630年到894年的264年间，虽计划派出遣唐使计18次，然而实际成行的有15次，其中得以完成任务并安全返国的，只有8次。"

十六世纪出现"嘉靖大倭寇"，确实让人匪夷所思。千里之遥的日本武士，为何冒着生命危险，航行到中国沿海来抢点生活品？这得从朱元璋说起。

明朝建立后，张士诚、方国珍余部逃亡海上，出于政权安危的考虑，朝廷实行了"海禁"，就是不准老百姓做外贸生意，并将禁海令列入《大明律》。不过，这个政策后来执行得并不好，"时禁时开，以禁为主"，毕竟过去了许多年，张士诚、方国珍的那些部下估计也死得差不多了。日本这时已进入"战国时期"，哪有心思和能力到中国来捣乱，用不着自己吓唬自己。

禁海令针对的主要是民间，蕃国到明朝"朝贡"还是容许的，但"朝贡"只能在指定的三个地点：浙江、福建和广东的"市舶司"。"朝贡"几乎就是个"面子工程"，明廷"厚往薄来"，以高于"贡品"几倍价值的货品"赏赐"朝贡国。明成祖把侄儿赶下台，急于得到国际社会的承认，日本国要"进贡"，交通工具不好解决，他很大方地白送了一艘"远洋货轮"，所以日本国对来华"朝贡"很积极，双方也没闹出什么乱子。

一两百年都没出乱子，怎么到嘉靖年间就乱套了呢？主要原因，是日本乱了。

嘉靖元年（1522年）五月，日本的两个诸侯大内氏与细川氏，都以日本天皇的名义来明朝朝贡。按理谁是真代表团，需要日本方面先确定好。但明朝官方并不在意，因为业务越多，经办官员的好处也就越多。

大内氏派了宗设谦导，细川氏派了鸾冈瑞佐、宋素卿，一个国家两个使团，先后到了宁波市舶司。前者后到，后者先到，按规定进港验货要以时间为序，但鸾冈瑞佐和宋素卿会来事，懂得中国的官场潜规则，给市舶太监赖恩狠狠地送了一份礼。赖恩也不白拿别人的东西，招待宴会都让鸾冈瑞佐坐首席。宗设谦导咽不下这口气，当场杀了鸾冈瑞佐，烧了他的船，把宋素卿从宁波追到绍兴。这一路，宗设谦导的人马坏事也干了不少，沿途抢掠，杀死大明官兵——这就是嘉靖元年的"争贡之役"。

争贡事件震动朝廷，朝廷做出了反应，但不是彻查"外贸部门"的腐败问题，而是总结出不做生意就不出乱子的经验教训。根据夏言的提议，撤销了浙江市舶司。举一反三，又撤销了福建市舶司，"惟存广东市舶司"。

天底下最来钱的生意，就数外贸。罢市舶司，影响的不仅仅是中日两国间正常的贸易，而是整个到中国来做外贸生意的。货物好不容易运到中国，生意却不准做，这路费也耗不起。洋人没办法，就私下把货物卖给明朝的"个体户"。明朝的"个体户"大多本钱小，这种私下交易很多都是赊销。明朝的商人厚道的也少，赊了别人的货物，很少记得付货款，洋人连本钱都捞不回来。

中国"个体户"的诚信，洋人算是见识了，转而觉得有权有势的家族，素质应该高一些。实际上，素质是个最靠不住的东西。权贵们赊了洋人的货物，压根儿也没有给钱的意思。洋人彻底惨了，是官商的回去无法交代，是单干的恨不得跳海。不能合法"入境"，他们就住在近岛，一天又一天地等，伙食费都没了，甚至要乞讨。没希望，干脆抢劫——沿海地区的社会治安就乱了。

最初，这种沿海治安问题并未严重到哪里去。明朝的东南沿海一带，除了地方官府，军事卫所即达四十余个，军警几十万，外来的生意人跟地方政府、军方，根本不敢分庭抗礼。但很快形成了"经济特区"——以许氏兄弟、李光头为首的几股势力较大的海商以及葡萄牙商人，聚集双屿港，开辟市镇。影响日大，日本、马来、琉球、暹罗等国海商，也赶来贸易。曾访问过双屿港的葡萄牙人平托，在《远游记》中称这里有"上千所房屋，包括教堂、医院等，居民三千多人，其中有一千二百名葡萄牙人"。

贸易固然繁荣，性质却是非法——走私。海商志在利润，并不打家劫舍，泉州名宦林希元说："佛郎机（葡萄牙人）未尝为盗，且有利于吾民也。"但这份安宁并未维持多久，双屿港私商的贸易繁盛，令朝廷日益无法容忍。终于，一桩血案成为了双屿港之战的导火线——余姚大族谢氏，赖了走私海商的账不还，并威胁要报官。海商实在咽不下这口气，便让"保安"到谢氏庄园打砸了一通。

谢氏血案，触痛了大明王朝敏感的神经，嘉靖皇帝派遣朱纨前来镇压"倭寇"。这位出身进士的海禁派官员，到任后雷厉风行，"革渡船，严保甲，搜捕奸民"，于嘉靖二十七年（1548年）突袭双屿港。海商的"保安"哪是正规军队的对手，"贼酋许六、姚大总与大窝主顾良玉、祝良贵、刘奇十四等皆就擒"，海岛上的"经济特区"被打成了一片废墟。一不做二不休，朱纨将海商追到福建，擒杀中葡海商百余人。几次大捷之后，朱纨在奏折中踌躇满志地写道："全闽海防，千里清肃。"

如果事情真像朱纨所言，戚继光就没有成为英雄的机会了。

四、倭患的升级

朱纨军事打击的对象,显然是葡萄牙海商,并没有"倭寇"的影子。最终的后果,也为他始料不及。

朱纨的这一通打,打翻了相关官员的好处,打断了沿海豪富的财源,也打掉了沿海居民的生计,朝廷也不认可他擅杀与用兵。群起而攻之,朱纨吃力不讨好,一气之下自杀。从此,朝廷罢巡视大臣不设,朝中朝外无人敢再提海禁,当然也无人敢言开禁。

嘉靖三十四年(1555年),因为汪直的出现,"壬子之变"发生,倭患问题骤然升级。

汪直(1501—1559),又名五峰,号五峰船主,有史书误作"王直",歙县人。

嘉靖十九年(1540年),汪直与同乡徐惟学、叶宗满等赴广东进行海外贸易,这时明朝海禁政策有所松缓,而广东也是唯一可以从事合法外贸生意的地方。汪直最初加入了同乡许栋的集团,与葡萄牙商人合作,做的是东南亚一带的生意。朱纨袭击剿平双屿港后,汪直自立门户,嘉靖二十一年(1542年)转移到日本平户(长崎)。《明史·日本传》中的"嘉靖倭乱",一半的记录便是汪直。

汪直开辟了日本市场并迅速做大,田汝成曾任广东提学佥事,其《汪直传》载:汪直"据萨摩洲之松津浦,僭号曰宋,自称曰徽王,部署官属,咸有名号。控制要害,而三十六岛之夷皆其指使"。

嘉靖三十一年(1552年),汪直吞并福建海盗首领陈思盼,从此"海上之寇,非受(汪)直节制者,不得存",大量海盗(倭寇)及沿海商人与居民投到其旗下,汪直的武装多达五千余人,而其时日本各个家族兵力只在三千左右。汪直在日本以信义取利，被尊为"大明国的儒生"。双屿港之战后，走私海商分裂成"互市派"与"寇掠派"，汪直属于前者，铤而走险的则是林碧川、萧显、徐海等走私集团。

汪直称霸海上十余年，有着地方官"私市"的默许，汪直也卖力地配合官府，平定陈思盼等多股烧杀掠夺的海盗，维持沿海秩序，并试图在沥港重建双屿港的繁华。嘉靖三十二年（1553年）闰三月，俞大猷偷袭沥港，汪直败走日本，从此走上了与官方的对抗之路，成为"东南祸本"，名列官方通缉令榜首。

汪直最终被兵部尚书胡宗宪诱杀，但倭寇之患并没有解决，因为汪直并非整个嘉靖倭难的背后总指挥。嘉靖三十一年（1552年），陷黄岩、攻郭巨的是林碧川集团，次年勾结诸倭大举入侵的则是萧显集团。这些海盗团伙本互不统属，甚至彼此劫夺，更重要的是他们又与民众纠结在一起——东南沿海地区，倭寇既祸害一方，又拥有令人难以置信的民间支持和水土融合：地方百姓"任其堆货，且为打点护送"，"或送鲜货，或馈酒米，或献子女，络绎不绝"。倭寇深入陆地时"若熟路然"，甚至"与农民杂耕于舟山山阜处"，"或披蓑顶笠，沮溺于田亩，或云中履，荡游于都市"。连本地官兵也与倭寇里应外合，通报军情，"关津不查不问，明送资贼"。

"嘉靖倭难"的最终解决是在嘉靖帝死后。隆庆帝继位后立即批准漳州月港开放海禁，"准贩东西二洋"，"倭寇"很快由寇转商，"倭患"得到了缓解和平息。

但在嘉靖朝，朝廷并不检讨决策的得失，一根筋地依赖军事手段。

五、窝囊的开局

倭患在嘉靖三十一年（1552年）之后的十五年骤然加剧，共计六百零九次，占到了整个明朝倭寇侵扰记录的八成左右。

姑且不论其中的因果，东南沿海形势的严峻已是不争的事实，明廷不得不增加东南沿海的军事力量。这个背景下，戚继光成为平定倭患的一员。

嘉靖三十四年（1555年），戚继光改迁浙江都司，任参将，镇守宁波、绍兴、台州，在胡宗宪的指挥下，与俞大猷、刘显等人共抗倭寇。

戚继光参与抗倭，机会也有点意外。朝廷要从山东选择军官到浙江，虽然是要去打仗，但也相当于从贫困地区调到发达地区，所以请客送礼的很多。戚继光没有谋个肥差的想法，所以不跑不送。但最后入选的，恰是戚继光。

任人唯贤，不是封建官场的正气，而是胡宗宪的关注。自嘉靖三十三年（1554年）出任浙江巡按监察御史，胡宗宪的脑细胞差不多都因抗倭死掉了。倭患不见好转，是手下的窝囊废太多。现在，他急需一个有勇有谋而又荣辱不惊的人。经过很长时间的观察，他决定将宁绍台参将的职位交给戚继光。

这一年，戚继光刚刚二十八岁，正踌躇满志，有着干一番事业的雄心。

戚继光建功立业的时机，很快就来了。上任一个月，倭寇要抢掠浙江慈溪。据情报，倭寇不过千人，而戚继光召集的士兵达万名之众。这该是一场没有悬念的战争，戚继光指挥浩浩荡荡的人马，直扑慈溪东南的龙山，并且顺利找到了倭寇的主力——龙山之战，就此开幕。

戚继光的军事素养，没有丝毫问题，他先熟悉地形，排兵布阵，然后命令部队出击。

待戚继光命令一出，奇怪的事情立刻发生：士兵不是扑向敌人，而是反方向逃跑。一群倭寇，跟着看不到边的明军后面猛追。戚继光的副将见势不妙，赶紧拉着他的衣袖，让他赶快逃跑。戚继光惊愕不已，登上一块高地，搭箭便射，冲在前头的倭寇头领应声倒地。接着，又是第二支、第三支，谁冲在前头谁先死，倭寇们的心理防线崩溃了，掉头回撤，明军开始反击。

戚继光命令将士全力追击。没有命令倒好，有命令士兵们反而回来了，戚继光怒不可遏，抓住一个士兵问其为何违抗命令，这位军爷倒也实诚，直接回答戚继光：把他们赶远点就行，何必拼命呢！

戚继光指挥的第一仗，就这么窝囊地结束了。

接下来的雁门岭之战，比这更窝囊。两军相遇，将士跑得没了人影，戚继光要不是年轻力壮跑得利索，早也做了倭寇的刀下之鬼。

其实，仗打得更窝囊的还不是戚继光。在调戚继光来前线之前，明廷早调过多路"客兵"：山东的弓手，蒙古的马队，四川的土兵，广西的狼兵，少林寺的僧兵，等等。各路"客兵"，比戚继光的手下更糟，不仅擅长逃跑，抢掠的水平也不比倭寇差到哪里去。只有少林僧兵打得不错，僧兵与倭寇交战时，正规军全在一旁认真看。不过，不是现场观摩学习，而是恨不得把僧兵给宰了——当兵是为了吃饭，你这种玩命打法，不是抢正规军的饭碗么？

说实在的，这帮明军与倭寇交手，也相当不容易的。有时准备偷袭，早有人向倭寇密报了军情。倭寇的成分太复杂，有的就是地方老百姓，有的与官员有联系。偶尔仗打得很顺，倭寇又使坏，败逃时竟不扔障碍物，而是扔下钱物。银子那么小，根本不好找，明军将士不得不停下来，仔细地搜索草丛。

这几十年，北起辽东，南至广东雷州、海南，"倭寇"的侵扰遍及中国沿海各省，还深入内地，连留都南京都一度告急。更要命的是一支六七十人的"倭寇"，竟将几万人的明军从海边追到今安徽境内——不是全方位的腐败，倭寇问题也等不到戚继光出马。戚继光的英雄之花，正是开放在王朝腐败的土壤之上！

一而再再而三地失败，戚继光犹豫了。

六、高危的险棋

戚继光思考的结果，就是重新练兵。

申请报告送到胡宗宪那里，胡总督大约批的是两个字：同意！

一来一往，太简单了。其实，胆小的早吓死了。

按照明朝的军制，军官的培训是都督府的事，士兵的训练是卫所的事。军官的职责就是带兵打仗，需要多少兵由兵部负责解决。这个制度最大的好处，是真有异志的坏人混进军队，只能当个光杆司令，没有办法带人造反。

戚继光要招兵训练，那是胆儿够肥的。胡宗宪胆敢批准，那也是和尚打伞。万一出了差错，两人得脑袋一起搬家。就算不出差错，还要看自己运气如何——看有没有人举报。当然，眼下属于特殊时期，真有人举报，得看胡宗宪应对危机的能力：或大祸临头，或大功在手。两个极端，都很正常。

在"戚家军"名震天下后，"状元军"就曾轰动过一时。

淮安人沈坤，嘉靖二十年（1541年）状元。嘉靖三十八年（1559年），因为母亲去世，沈状元丁忧在家，恰逢倭寇进犯。出于保家卫国的良好愿望，沈状元散尽家财，招募了千余名兵丁，打得倭寇够呛，百姓称之为"状元军"。"状元军"只红火了一年，第二年，沈状元的父母官淮安太守范槚等，即举报沈坤"私自团练乡勇，图谋背叛朝廷"。结果，奖状没拿到，逮捕证到了，沈状元被捕入狱，最终被杀头。沈坤没有进入正史，他有个朋友吴承恩，就是写《西游记》的那位。吴承恩为沈坤的遭遇愤愤不平，便是拿沈坤与戚继光作对比的结果。

胡宗宪对戚继光的想法也有点不放心，因为浙江人当兵打仗是个弱项。戚继光的回答是："十室之邑，必有忠信。堂堂全浙，岂无材勇！"戚继光怎么这么自信呢？全是缘分。

戚继光的朋友中，有一位后人知之甚少的汪道昆，戚继光的诸多轶事便是出自这位朋友的著述。汪道昆（1525—1593），字伯玉，号南溟，又号太函，歙县人，嘉靖二十六年进士。汪道昆仕途的第一站，便是义乌知县，后调任兵部。东南沿海局势紧张时，汪道昆又任福建副使。汪道昆帮助戚继光筹谋策划，大胆招募"义乌兵"。

汪道昆与戚继光共同看好"义乌兵"，是因为这里太穷。

在浙江，义乌属于贫困山区，民风剽悍，人能吃苦，也不怕死。嘉靖三十七年（1558年），义乌人与永康人为争夺开矿权，一打就是四个月，双方死伤二千余人。双方打起来，男女老少齐上阵，前面人倒下，后面的接着上，并且极具义气，谁家死了人谁家抬回去，不计较抚恤费。

戚继光看中的正是这些矿工，并且还要挑。

戚继光的招兵条件不仅苛刻，简直有点欺负人。归纳起来，主要是这么三条：

一是看出身。城里人不要，比较奸猾。在政府机关混过的，肯定油条，当然不行。必须是没见过世面的乡巴佬，不怎么说话，擅长埋头苦干。

二是看体质。身强力壮，有胆气血性。身材不能太高，但手脚要长，肌肉结实，四十岁以内，不能长得太白。

三是看智商。人要老实，智商太高的不要，太低的也不要。关键是能听懂首长的命令。首长命令之外的话，最好一句听不懂。尤其是绝对不能怕对手，但怕首长又是必须的。

功夫不负有心人，如此严苛的征兵条件，戚继光居然顺利地招到了四千多人。

对这些入伍的新兵，戚继光进行了简短的政治培训。因为前面征兵条件的限制，戚将军的动员报告只能作百十字：

"诸位都听了：凡你们当兵之日，是要拿饷银的。刮风下雨，袖手高坐，也少不得你一日三分。但你要记得，这银两都是官府从百姓身上纳来的，你在家种地辛苦，现在不用你劳动，白养你几年，不过望你上阵杀敌。你不肯杀敌，养你何用？"

接下来，戚将军要进行他特殊的军训。

七、残酷的兵法

　　创新从来就是制胜的法宝。多次的失败,迫使戚继光在这支队伍中实行全面的兵器与战术改良。戚氏兵法,猛而狠。没有猛药,治不了顽症。

　　倭寇的利器是倭刀。倭刀属于加长型的日本军刀,长有五尺。明代一尺约为32厘米,与今市尺相近。倭刀刀刃锋利而刀身有弹性,性能与质量优于明军兵器,戚继光对此曾有"长兵不捷,短兵不接,身多两断"之叹。倭寇使用倭刀,往往跳跃式前进,一眨眼就贴近明军,要是眼神差甚至没看清敌人,自己的脑袋就被削掉了半边。所以,新兵必须有新式武器克敌制胜。

　　孙子兵法的首要一条,是知己知彼。义乌兵要面临的敌人是倭寇,要消灭倭寇,首先必须针对性地取得兵器上的优势。戚继光选中的武器,叫狼筅。

　　这玩意其实很普通,义乌兵早就熟练运用。狼筅最初就是矿工打架时发明的,作为产业工人,私藏兵器是非法的,平时突然要斗殴,只有拿刀去砍根竹子,三下五去二,削去碍事的枝叶,然后就派上用场了——这就是原汁原味的狼筅。

　　戚继光新使用的狼筅,属于改进型。就是丈余长的竹子,削去散乱的枝叶,留下锋利的尖枝,再在顶端安上铁钉或尖刀——这就再也不是打架的工具,而属兵器的范畴了。况且,留在竹竿上的尖枝,浸过桐油,耐用程度与坚韧性也大为增强。有文人记述竹竿上还绑有铁丝,犹如尖锐的铁丝网,实际上没有,因为明朝还没有发明铁丝,并且这样做反而多余——笨重,用起来不顺手。

　　倭寇的另一个神秘利器是声波。朱九德《倭变事略》称倭寇"皆髡头鸟音",实际上是他们的军中号令以及呐喊声都是外语,明军根本听不懂,感到很恐怖,但这也证明外语确实为任何专业不可或缺。狼筅的威慑力,还在于横扫或抖动时，会发出呼呼的声响，无数狼筅一齐舞动，现场气氛绝对吓人。倭寇拥有的声波武器，明军现在也有了。

公允而言，明军总是被倭寇打败，自身的腐败固然是主要原因，机械用兵也非常关键。东南沿海地区多丘陵沟壑，河渠纵横，道路往往狭窄，不似北方地势开阔。遭遇倭寇时，庞大的明军队伍往往施展不开，兵力发挥不了作用。与倭寇接触，前锋一败，后面便自相践踏，溃不成军。

吃了无数次亏的明军将领，已经发现了这个问题，到戚继光这里才找到了有效的解决办法，即是"鸳鸯阵"。

鸳鸯属于爱情的形象代言，但"鸳鸯阵"一点都不温柔，只因鸳鸯好结伴，才给这种紧密型的作战团队取上这么个好名，顺便以温馨语词淡化其冷酷的属性。一个"鸳鸯阵"，就是一个独立的作战团队，成员平时生活在一起，相互熟悉，战时生死相依，共有十二个人：队长一人，盾牌兵两人（执长牌、藤牌），狼筅兵四人，长枪（矛）兵四人，短刀手两人，火兵一人（炊事员）。

作战时，"鸳鸯阵"纵队排开，队长居前指挥。盾牌兵遮挡敌兵的箭矢或刀枪，掩护后队前进，并与敌近战。狼筅兵既扰乱敌方阵脚，亦可发动进攻。长矛兵为进攻主力，给予敌兵以致命杀伤。队伍最后是短刀手，防止敌人迂回，从侧翼保护长矛兵。火兵有时也投入战斗，主要是协助其他士兵作战，积累实战经验后升为战兵。

随着战场的情形与局势的变化，"鸳鸯阵"可以变纵队为横队，变一阵为左右两小阵或左中右三小阵，一队变成两伍或三伍。前者称"两才阵"，后者称"三才阵"。戚继光的庞大军队，看上去黑压压一片，但无论是发动攻击还是追击敌兵，队伍的基本结构仍是紧密的，并非一哄而上。

这种阵法，实质上是以团队对付敌方的单兵，因而效果极佳。在嘉靖三十八年（1559年）至嘉靖四十五年（1566年）的七年中，戚继光率领的"戚家军"累经十三战，每战必克，敌我伤亡比例达到 30∶1，并且倭寇始终没有找到破解之法。

"鸳鸯阵"能有如此成效，在于戚继光深知其中的关键，这就是团队的密切合作。而"戚家军"的胜利，完全是建立在严酷的军法之上：若作战不力而战败，主将战死，所有偏将斩首；偏将战死，手下所有千总斩首；千总战死，手下所有百总斩首；百总战死，手下所有旗总斩首；旗总战死，手下所有队长斩首；队长战死，十名士兵全部斩首；一伍士兵阵亡，其余四名士兵全部斩首。当然，有斩获的士兵可以免罚。冷酷的军规，一体赏罚的铁纪，迫使将士生死与共。

　　同时，戚继光又恩威并施，重赏杀敌士兵：每斩获一敌，赏银四十两！四十两白银，明代与当代的货币换算比较复杂，大体每斩获一敌，就可以成为有房有车一族。

　　——这就是戚继光基于军制的几项重大改革，戚继光也将因"戚家军"与"鸳鸯阵"而名垂青史！

八、永远的英雄

　　作为"民族英雄"，戚继光固为后世景仰，同样也为后世质疑。争议的焦点，在于为戚继光所灭的，究竟是些什么人？其中最偏颇的观点，是认为戚继光没有杀过一个日本人，镇压的都是走投无路的中国平民，旷日持久的反侵略战争"子虚乌有"，戚继光与岳飞、文天祥不能相提并论。

　　但历史并不能杜撰，正史与明人的相关著述，对日本人扰乱中国有着清晰的记载。《明史·外国》载："大抵真倭十之三，从倭者十之七。"《嘉靖实录》载："盖江南海警，倭居十三，而中国叛逆居十七也。"朝鲜正史《世宗实录》载："然其间倭人不过一二，而本国民假著倭服成党作乱。"明代兵部侍郎郑晓称："大抵贼中皆我华人，倭奴直十之一二。"比例最低的，见于被倭寇掳去的一位昆山人的回忆："大抵艘凡二百人，所谓倭而椎髻者，特十数人焉而已。"从史料综合出的结果来看，制造这场祸乱的，百分之七十到百分之九十是中国人。

日本浪人、武士的多与少，只是一个比例问题，倭寇有"日货"成分肯定是真的。称之为"倭寇"不算错，就像水多肉少，叫"肉片汤"同样货真价实。朱九德《倭变事略》中倭寇"皆髡头鸟音"的细节描述，更能证实倭寇的性质：不会有哪个人，仅为当个土匪还特意去攻读外语。

倭乱长时间持续，有着复杂的政治、经济因素，军事因素也只是一个方面。数十年的抗倭，也不可能是戚继光一人之功。作为一个职业军人，戚继光不可能匡正最高统治者的治国方略，但他做到了救国家于危难，救百姓于水火。倭患最严重的东南沿海三省，皆因戚继光的出现而转危为安。

浙江战场：嘉靖四十年（1561年）四月起，戚继光部取得了"台州大捷"等五战五胜，歼敌五千五百余人。

福建战场：台州之役后，戚继光移师福建，赢得横屿、牛田、林墩、平海卫、仙游之战的胜利，斩杀海寇近万人，其境内倭乱基本平息。

广东战场：嘉靖四十四年（1565年），俞大猷、戚继光水陆并进，在南澳之战中斩杀吴平人马一千五百余人，溺毙海寇五千余人。经其大战，广东境内海寇亦基本肃清。

空前的战绩，所谓"英雄"，莫非如此！

打的是真倭寇，当的是真英雄，戚继光是实至名归。戚继光身上最奇异的现象，其实是他建功立业的一帆风顺，几乎将英雄的形象进行到底。

嘉靖倭患，时间长达数十年，无数人献身平倭战争，他们或俨然英雄，或倒在迈向英雄的路上。

抗倭英雄，至少要有张经。嘉靖三十三年（1554年）五月，张经总督江南、江北、浙江、山东、福建、湖广诸军，专办讨倭。张经选将练兵，并请调狼兵、土兵，于次年五月杀敌一千九百八十多人，取得王江泾大捷，为抗倭以来第一战功。半个月后，张经竟因"縻饷殃民，畏贼失机"获罪，两个月后被杀。

抗倭英雄，应该有阮鹗。对待倭患，阮鹗主剿，胡宗宪主抚，二人相得益彰。被后世忘却的阮鹗，起自文士，官至浙江、福建巡抚，为救民于水火，他数度冒死击败贼寇，自己一度被倭寇围困桐乡，几乎送命。但御史宋义望却弹劾阮鹗懦怯畏敌，图谋不轨。阮鹗由此被划为严嵩同党，列为贪官，身陷囹圄，后经闽浙士民多方营救获释，直到万历年间方获平反。

抗倭英雄，不能没有俞大猷。俞大猷一生的事业就是平倭寇，战功显赫，他的"俞家军"三个字，甚至都能将敌人吓退。他是戚继光的顶头上司，与戚继光并称"俞龙戚虎"。他人品极佳，多次被人冒领军功，从来不计较。但嘉靖三十七年（1558年）的岑港之战，部分倭寇逃脱，俞大猷当了胡宗宪的"替罪羊"，被捕入狱。所幸好友陆炳用自己的钱财贿赂严世蕃，俞大猷侥幸死里逃生。

与俞大猷有过一段恩怨的胡宗宪，才是抗倭战争的真正主持者。没有胡宗宪，也就没有戚继光。但是，嘉靖四十一年（1562年）十一月，胡宗宪竟削职被捕，被冠以投靠严嵩、谎报军功等"十大罪状"。出狱后，又被劾"假拟圣旨"，二度入狱。失去荣誉，也失去尊严，五十四岁的胡宗宪，写下"宝剑埋冤狱，忠魂绕白云"的诗句，含恨自尽……

只有戚继光是个例外，他一路胜利，一路升迁，生前身后，充满殊荣。嘉靖四十年（1561年）"台州大捷"后，戚继光因功升署都督佥事。嘉靖四十二年（1563年）破倭寇巢穴平海卫，戚继光进官都督同知，升福建总兵。在残酷的官场争斗中，他是英雄，还能不倒。

人治背景下的官场玄机，民间有通俗的两个字概括：靠山。戚继光"干成事"又"不出事"，他的"靠山"是什么呢？

九、英雄的剖面

《明史·戚继光传》给出了这样一个答案：戚继光"与大猷均为名将，操行不如"。"操行",这就是戚继光的神秘"靠山"。

这么说,有点抽象。戚继光是个极用心的军事家,他习惯以谋略的眼光看待敌人,也习惯以谋略的眼光看待他人。从他踏入军营的第一天起,事实上就有了一座硕大的"靠山"——这就是他的"泰山",老岳丈总兵王栋大人。戚继光对总兵大人的女儿其实并不好,但又以对老婆的敬重而闻名,其中的精彩后面将讲到。

其后,戚继光不断地努力、不断地等待,期冀发现新的"靠山"。功夫不负有心人,他等到了胡宗宪。胡宗宪的赏识与举荐,使戚继光摆脱了仕途沉寂而走上前台,成为宁绍台参将,英雄有了用武之地。

在这个舞台上,戚继光如鱼得水,其背后正是有胡总督这座"靠山"。胡总督的支持,使他打了败仗,仍有翻身的机会;打了胜仗,立功受奖,一路升迁。他有一个习惯,凡事先要请求胡总督、俞总兵,从不飞扬跋扈、擅作主张。当有官场冷箭飞来时,胡总督主动为他遮挡。

他的这个良好习惯,完美地复制在他的满朝人脉上,让他屈伸自如。兵部派来的官员,朝廷派来的御史,他都待若上宾,请客送礼。所到地方,先去拜码头,吃喝一通,再认认"兄弟"。就是对部下,他治军严酷却并不呆板,不断拉起自己的死党——这些小石头,他知道堆起来也是一座"山"。

戚继光同样以复杂的眼光看待胡宗宪。戚继光的光芒盖过俞大猷,起于嘉靖三十八年(1559年)。这年四月,胡宗宪获悉倭寇逼近浙江沿海,他给俞大猷的命令是:阻止倭寇靠岸就行。结果,此处不养爷,自有养爷处,倭寇掉头去了福建。都察院监察御史李瑚认为胡宗宪以邻为壑,纵敌逃窜。胡宗宪大为紧张,又深为狐疑,最终得出结论:是俞大猷出卖了自己。于是上下其手,把责任推到了俞大猷的身上。

——戚继光明白了,一棵树上上吊,迟早会真的吊死。在与胡总督产生不了利益冲突时,他是一座"靠山"。当自己的地位一天天接近胡总督时,这座"靠山"很可能就是压倒自己的大山。

俞大猷奇迹般地复出，戚继光醍醐灌顶，他很快打听出，是"老领导"俞大猷攀上了严嵩这座"靠山"，尽管这实际上是俞大猷的朋友陆炳所为。戚继光意识到，自己必须建立起自己的官场"鸳鸯阵"，从此主动进京"跑部"，以酒桌为战场，在兵部扎下了根。

在京城，戚继光还准备了充足的银两，试图结识高拱——戚继光看什么都具有战略眼光，高拱确实是个前途无量的人。但高拱这个人嚣张、孤傲，戚继光没有联络成功。戚继光退而求其次，与高拱的副手，时任国子监司业（约等于中央大学副校长）的张居正攀上了。

戚继光的眼光令人佩服得五体投地，日后的时局变化虽有偶然，但张居正确实如日中天。胡宗宪日后身败落马，只有他如意从前线回到了京城。奇怪的是，离职时的戚继光，"领将印三十余年，家无余田，惟集书数千卷而已"。

别的不说，戚继光巨额俸禄与奖金都到哪去了呢？

十、英雄试金石

戚继光离开福建去北方赴命，是在隆庆元年（1567年）十一月。新皇帝明穆宗朱载垕，性格仁慈宽厚，信用大臣，其当政六年，采取解除海禁等一系列新政，南方紧张局面明显缓于北方，戚继光也由此开始了他新的使命。

这一去，便是十六年。而这十六年，既是戚继光新的事业期，也是他与张居正的蜜月期。这时的戚继光与张居正交往已有十年。戚继光东南抗倭功绩不时震动朝野，张居正担任裕王（即后来的明穆宗）讲官时，曾与裕王谈论起戚继光。穆宗对戚继光有着良好的印象，这也是戚继光后来事业有成的基础。

隆庆元年（1567年）八月，明穆宗准备到天寿山祭祀，因安全问题未能成行。蒙古诸部军队屡次突破九边防线，造成京师附近形势紧张。在这种情况下，戚继光奉诏北上参与边务。戚继光到北京任职，是借了徐阶之力，与张居正没有直接关系。

是金子在哪里都会发光，这十六年，戚继光最引人注目的是完成了三件事：训练部队，建立车步骑营，修建长城敌台。这三件事无疑是大事，有效地解决了明军的作战能力、军事协同与军事防御问题。只有一件，也是功勋。

三件大事，戚继光是怎样做到的呢？张居正至少帮助他解决了三大问题：职务问题、权力问题、工程建设问题。

职务是建功立业的基础，有位才能有为。权力的有效性，还需要不受掣肘与干扰。修筑敌台属于特大重点工程建设，蕴含着经济风险与政治风险，一个项目建起来，往往有一批官员倒下去。戚继光顺利地完成了三件大事，毫发未损，张居正是他的护身符。

隆庆元年（1567年）十二月，戚继光到达京师。待命在家，戚继光知道是要来做大事的，便上《请兵破虏四事疏》，提出自己的边防策略。但效果适得其反，引发一些官员的猜忌与非议。任命下来时，戚继光只是个禁军神机营副将，也就是他爹当年的位子。

戚继光的失落只维持了几个月。隆庆二年（1568年）三月，穆宗升兵部侍郎谭纶为兵部左侍郎兼都察院右佥都御史，总督蓟、辽、保定等处军务，兼理粮饷。两个月后，在谭纶的推荐下，戚继光以都督同知衔总理蓟州、昌平、保定三镇练兵事务。

明代著名的书法家、精研兵法的徐渭，曾纵论天下名将：嘉靖以来，武将堪称杰出者惟戚继光、俞大猷、谭纶三人而已。很长时间里，谭纶都是戚继光的领导，谭纶与张居正交往亦深。

为了戚继光的职务，张居正和谭纶进行过几番讨论，在《与蓟辽总督谭二华》和《与蓟辽总督》两封信中，可看出张居正为戚继光事权而用心良苦。张居正争取到了明穆宗的支持，戚继光才有了创业的平台。

戚继光准备大显身手，巡抚刘应节、巡按御史刘翮、巡关御史孙代等群起反对。文官的节制，是明朝制度的设计，不排除有权力的争夺。但这场节制与反节制的斗争，胜出者同样是戚继光。《明史》载："穆宗用张居正言，悉以兵事委纶，而谕应节等无挠。"张居正协调了兵部与都察院，由穆宗拍板中止了这场争执。

在排除文官的干扰后，武将内部的权力分配又出现了新的纷争。戚继光名义上总理三镇兵务，然而三镇都有总兵分别统辖，号令则无法统一。张居正再次游说明穆宗，最后蓟州总兵郭琥等走人，戚继光便为总兵官，复进封为右都督，事权得到高度的集中。

除了练兵，戚继光着手修整边墙，修建空心敌台。《请建空心台疏》中，戚继光提出的计划是新请三千座。这是十足的"国家重点项目"，兵部为此讨价还价，朝堂上更是充满非议的声音。但建是为了国家的安全，不建则是考虑国家的财力。戚继光此议一出，立刻"流言四起，忌者欲因此中以奇祸，政府诸公亦惧而求罢"。就连谭纶都感到担心，他甚至打算就此辞职，免得惹祸。

在这个关键时刻，张居正又一次支持了戚继光。张居正描述道："台工之议，始终以为可行，确然而不摇者，惟区区一人而已。"为了解释修筑敌台的好处，张居正"因机解惑，舌几欲敝而唇几欲焦矣"。在张居正的劝说和影响下，明穆宗决定支持："修筑墩台己有明旨，纶宜坚持初议，尽心督理，毋惑人言。如有造言阻挠者，奏闻重治。"在张居正的支持下，谭纶、戚继光仅隆庆三年（1569年）即"筑成敌台四百七十二座"，隆庆五年全部完成。蓟门从此固若金汤，戚继光获封太子太保，又进封少保。

戚继光的功绩，与张居正的保护和支持密不可分。张居正在归葬父亲时，为使戚继光安心事务免遭掣肘，任用自己的门生梁梦龙为蓟辽总督。平时有遇戚继光书信前来，张居正的府邸"虽夜中开门递进"。《明史》载："居正尤事与商榷，欲为继光难者，辄徙之去。诸督抚大臣如谭纶、刘应节、梁梦龙辈咸与善，动无掣肘，故继光益发舒。"

张居正十六年一以贯之支持戚继光，公允之言是其器重戚继光的才能，为国家培养人才，有助自己的"相业"，并非希图钱财上的回报。张居正身居高位时求贤若渴，对人才"虽越在万里，沉于下僚，或身蒙訾垢，众所指嫉，其人果贤，亦皆剔涤而简拔之"。

但戚继光对张居正的尊崇，则包含着刻意的成分，目的则是"立功扬名，保位免祸"。戚继光每次给张居正写信，都非常谦卑地自称"门下走狗小的戚某"。张居正归葬其父时，戚继光选派了众多铳手以为护卫，但张居正觉得太张扬，将多数退回，只选"矫健者用五六人"。戚继光不断地给张居正送礼，有次张居正母亲大寿，戚继光送来了诸多财物，张居正留下部分，其余退回，并致信申谢。

而据一些文人笔记记载，早在与倭寇作战时，戚继光即多次将斩获的珠宝及春药等物秘献于张居正。为了部下的升迁，戚继光更是向张居正送去了重礼。高拱曾指斥："荆人（张居正）久招纳戚继光，受其四时馈献金银宝玩，不舍数万计，皆取诸军饷为之者。"

但是，一个专制时代的将领，要完全做到洁身自好，分文不取，势必为官场所不容。专制时代的勤政与廉政，那是一对永恒的矛盾。

戚继光送予张居正的，还包括"色贿"，即所谓"（戚）时时购千金姬"。戚继光为张居正物色的美女，甚至还有"洋妞"。这种记述，来自王世贞的《嘉靖以来内阁首辅传》。王世贞是戚继光的好友，两人的关系即便在张居正被清算后，也没有破裂。对朋友的隐事不加掩饰，这正是王世贞的史笔如椽。

万历十年（1582年）六月，张居正或死于情欲，至少是春药过度导致张首辅"痔根"病情加重。明人沈德符根据自己在京城多年的见闻，写了《万历野获编》，认定张居正因滥服壮阳药耗竭元气而亡，还指出张居正所服之药为腽肭脐。腽肭脐，即海狗肾。而这种春药，居然也是戚继光所献。

张居正死后，戚继光很快受到牵连。第二年，戚继光被调往广东。第三年，便被罢官。戚继光被弹劾的原因和罪状，不得而知，但可以推测。奉诏拷问张居正之子张懋修的官员，曾这样责问张懋修："汝先大夫与戚帅相结，凡有书问，虽夜中开门递进，意欲何为？莫非反状乎？"

——戚继光之所以倒下，张居正的倒台、"靠山"的崩塌，是唯一合乎逻辑的解释。

万历十三年（1585年），戚继光重新回到了乡下，其部将胡守仁、王如龙、朱任、金科等也相继被革职或戍边，这也是"靠山"理论的冰山一角。

十一、英雄美人关

作为响当当的英雄，戚继光被传作笑谈的是其"惧内"。其实，这正是戚继光五彩斑斓的地方。

据说戚继光曾因怕老婆而住进了军营，兄弟们为其打抱不平，仗义地拿出了一个标本兼治的办法：把戚王氏给灭了！气极之下的戚继光，欣然同意。戚王氏被骗到军营，看到手持刀剑的士兵，一点尊重领导家属的意思都没有，喝问戚继光：干嘛？！

戚继光居然行了个军礼：请夫人前来阅兵！

有一次酒后，戚继光决定自己把老婆杀了。拎着刀走到门口，惊醒了午休的戚王氏。戚王氏情绪不佳地问：拎刀干嘛？

戚继光尽管喝了酒，现场应变能力依旧不低。他马上笑着对老婆说：我准备杀只鸡给你补补身子……

戚继光这惧内，真不是一般的。

这类故事，显系传说，因为找不到任何出处。有史实依据的，是戚继光怕老婆的原因。据清乾隆《仙游县志》等记载，戚继光因为儿子在莆田违反军纪而"斩子"，从而自感愧对妻子，对妻子多方迁就忍让，而妻子终生怀恨，苛待丈夫。

但是，"传说"可能有真的，"史实"绝对有假的：戚继光在莆田时，根本没有儿子。据戚继光之子编纂的《戚少保年谱耆编》及《戚氏族谱》所述，戚继光的每个儿子，都出生于他离开福建之后。

戚氏后人并不喜欢先妣的这种形象，他们认为戚王氏应该是这样的：

有一次，家里买了鱼，戚继光朝饭桌一看，只有鱼头和鱼尾。戚继光估计，这鱼肉一准被戚王氏给独吞了。晚餐时，戚王氏端出了中餐缺少的那一截，戚继光大为感动——戚王氏贤淑，夫妻俩恩爱。

其实，戚王氏就是个悍妇角色。二人结婚时，戚继光虽是四品，但她爹是总兵。将门虎女，武功好，脾气倔，家庭纠纷通常以武力解决，徒手格斗戚继光不是戚继光的强项，他常被打得到处跑——自卑，往往又是潜意识的。

清官难断家务事，戚英雄不得不受点委屈。但有一次，这位"女汉子"显然打对了。

嘉靖四十年（1561年），戚继光在台州抗倭，作为随军家属的戚王氏住在新河城。不料倭寇来袭，城中士兵基本上都已出征，只剩下普通百姓，还以妇孺居多，一时人心大乱。关键时刻，戚王氏挺身而出，召集仅有的百名亲兵，命他们组织人力守城。满城的男女老少被动员起来了，戚王氏让他们上军械库领兵器。军事重地，闲人莫入，没有文件怎么能分发武器呢？戚王氏哪管许多，劈头盖脸将保管员一顿臭骂，守库的兵丁乖乖地打开了库门。

一切安排停当，戚王氏穿上盔甲登城指挥。倭寇的文化水平也有问题，压根儿没读过《三国演义》，哪知还有"空城计"这么回事。所以，既不敢攻城，又不愿撤兵，脑子进水一样地呆在城外干等。结果，戚继光的大军赶到，想跑再也没机会了。

戚王氏脾气暴，夫妻关系糟，最终二人分道扬镳，戚英雄的另一张面孔也由此呈现。

汪道昆既是戚继光的好友，也是当时的文化名人。汪道昆撰写的《孟诸戚公墓志铭》，记下了戚英雄的真实故事。戚王氏与戚继光只育有一女，戚继光便纳了小妾沈氏，接着又纳了陈氏，接着还纳了杨氏。

这么一数，最少是三个。封建时代纳妾，本属正常，不正常的是，"娶妾三人，生子五人，其夫人竟不知将门有子"，弄得戚王氏连影子都不知道。将军擅长做保密工作，但这种保密对戚王氏应该是无效的。因为作为军队高级干部，戚继光每年的工资、奖金会有几大袋，戚继光绝大多数时间都忙于工作，不可能背着这些到处跑，放在办公室也不安全，最多是留足零花钱，余款悉数交给戚王氏。否则，以戚王氏的强势，日子没法过，秘密也会遭曝光。

但是，如果这些交给了戚王氏，戚继光又拿什么去养其他三个老婆？况且，她们还生下那么多儿子。

等戚王氏发现这个秘密时，戚继光的几个儿子早已满地跑了。太伤自尊了！绝望的戚王氏，决心与戚继光同归于尽。她抄起一把尖刀，直奔戚继光而去。戚继光闻讯，立马开溜，戚王氏岂肯善罢甘休，每日在家里蹲守，"日操白刃，愿得少保而甘心"。

作为军事家的戚继光，对付老婆自然不乏大智大勇，他声泪俱下，请老婆理解，都是为家庭好啊——传宗接代！加上戚继光的小舅子正在其手下做幕僚，也为戚继光化解家庭危机出了一份力，危机似乎过去了。但戚王氏对戚继光之恨，已痛彻心肺。在戚继光死前的那一年，戚王氏"囊括其所蓄，辇而归诸王"。终身积蓄被戚王氏带回娘家，戚继光的生活陷入贫困。突然病发的戚继光，竟然一时缺钱买药。

"鸡三号，将星殒矣！"

万历十五年十二月二十三日（1588年1月17日），没有英雄的万丈光芒，戚继光凄怆地落下人生大幕……

※ 海瑞：不合时宜的清官 ※

当海瑞出现在明朝的官场时，这个王朝已经存活了一百八十六年。一百年后，这个王朝轰然倒地。黄仁宇先生在《万历十五年》中，将海瑞之死列为大明王朝的标志性事件，这显然是学术上的"大家之言"。但是，受众广泛层面上的海瑞，只是一个抽象的"清官"，或是一些零碎的传奇……

一、暗淡中的新星

海瑞（1514—1587），字汝贤，广东琼山（今海南）人。海瑞任事嘉靖、隆庆、万历三朝，遭遇了明朝的步步衰落。

晚清学者薛福成认为，中国历史上的著名清官无非四个人：汉代的汲黯、唐代的宋璟、宋代的包拯、明代的海瑞。汲黯与宋璟，对绝大多数非专业人士来说，早已陌生。包拯的事迹或传奇，有着诸多的"复合成分"。史上"四大清官"四个减去两个，或需再减去一个，答案自然更加明了：中国历史上的清官，海瑞不是第一，至少也是第二。

历史大视野下的明朝，海瑞是一个现象，也是一个悖论：爆出"清官"，又径入末途——无意义就成了海瑞的意义。

"清官"光环下的海瑞，很容易让人想到他的贫寒。其实不然，海瑞生于官宦世家。据《海氏族谱》，海瑞高祖海逊之，明初任广东卫指挥使，正三品。曾祖海答儿在琼山置下家业，祖父海宽曾任福建松溪县知县，父亲海瀚也是秀才……伴随明朝的一百多年里，琼山海氏始终是望族大户。

海瑞四岁时，"警敏不羁，不事家人生业"的父亲病逝。这个变故，是海瑞传奇的一个开始——海瑞的母亲谢氏，出身书香门第，精通经史。这位几乎寡居一生的母亲，并非传统意义上的"慈母"，她严厉且无生趣，靠四十亩祖田收租生计，"严父"式地教育儿子。

谢氏对海瑞的教育，有着矫枉过正的苛严：她不许海瑞与别的孩子玩耍，"有戏谑，必严词正色诲之"。谢氏的意识与潜意识中认为，管不了丈夫一定要管好儿子，儿子不能像死去的父亲那样随心所欲，一定要刻苦勤学，做正人君子，走君子正路。

谢氏当年的教子情形，缺少鲜明而生动的细节，只能在海瑞文集中，找到一些相关的记述。但是，我们可以对照一下当代版本的谢氏——胡适之母。这两个家庭非常类似，胡适之母也是年轻寡居，她的故事很好找，也很鲜活：胡母便是以一种近乎自虐的方式教育儿子，让胡适从小就如一个老夫子。

以时代的发展，海母之苛定然远胜胡母。小时的海瑞是什么样的？在其《规士文》中，学生时代的海瑞，即以圣人的礼教为自己的楷模，其一举一动，哪怕是一个念头，都不偏离圣人教导。海瑞见到年长的同学，十分恭敬。路逢长者，自觉让道一旁，从来都不越礼。"束以青丝，欲其节制谨度，收敛于礼法之内而不敢纵也。"学生时代，海瑞即得到"圣人"的称号。

海瑞在学生时代的《严师教戒》中，更有着关于未来的誓言：他发誓将来做官将坚持操守，抵制金钱诱惑，鲜衣骏马无动于心，一生清清白白，一尘不染直到生命终点。否则，不如死去。

以孩子的纯洁之心，海瑞更是表明心迹：做事无愧于心，一生言行一致，刚毅做人，做圣人，即便见到高官大人，也要保持自尊，保持尊严。

他为自己取号"刚峰"！

透过现代心理学的基本原理来看，海瑞的早年经历，或是其偏执、正直性格形成的原因，又似乎是解读他进入官场后种种怪异的密码。但在看完他完整的一生后，就会豁然发现：真正的海瑞不是后人的图腾，而是当朝的一张试纸，他以自己特有的禀性，测试出了王朝的种种病症，以及与现实王朝格格不入的症结所在。

首入官场，即是如斯——

海瑞是在四十一岁时开始涉足官场的。嘉靖三十二年（1553年），海瑞进京会试。明代海南的"教学质量"可想而知，海瑞再次落第而归。即便没有取得进士资格，只有一个举子身份，海瑞仍不失为一个佼佼者。依照明制，这一年的闰三月，吏部授予海瑞福建延平府南平县儒学教谕一职。

教谕，正八品，相当于科级的县教育局长。海瑞平生只是一个举人，没有取得进士身份，这对明朝官场中人来说，完全是一个致命的缺陷。因为没有进士身份，就意味着没有升迁的空间。安排其做一个县级的教育局长，无非是明朝的通行做法，正常情况下，海瑞需要在教育战线奋斗终生。

海瑞也没有升官的欲望。在教谕的位子上，一年多的时间里，他都在做一些实实在在的基础性工作。明朝的中后期，制度的废弛无处不在，"教育部门"也不例外，学官们大多敷衍了事，拿拿俸禄，捞捞好处，学校与学生均疏于管理。海瑞到任后，从建章立制的基础性工作抓起，既不刻意地急功近利，也不从俗从众随波逐流。他一气订了六十多条教约，整顿校风校纪，狠抓教学质量。由于对教官与学生太过严厉，大家都称其为"海阎王"。

这并不是什么美誉，"阎王"通常是"鬼"的一种。"海阎王"，似乎还有另一层含义：海局长压根儿就不是"人"！至少，缺少人性。

"海阎王"的严厉，主要见于管理。教育质量究竟如何，没有翔实的史料记载，也没有间接史料证实，"海阎王"主政南平县教育期间，有出色的教育成果。教育是一个长线，在教谕的位子上，要想干出突出政绩，事实上非常困难，更难立竿见影。海瑞的严厉与敬业，除了身边人的感受，也确实没有引起多少人的注意。

但是，一年以后，海瑞很快成为一颗政治明星。

嘉靖三十三年（1554年），延平府督学官到南平县儒学视察。府督学官，正是海瑞的顶头上司。督学官这种顶头上司，都是有身份的人：一般须有进士出身，有较高的经学造诣，有较高的道德修养。所以，这种文化官员无论到哪里，都是受人尊重的，而他们也比别人更讲"面子"。

督学官平时到县里来视察什么呢？按照明朝的规定，他们在任期内须两次到所属各官地进行视学，基本任务是监督地方官学的办学情况。朝廷是赋予督学官很大权力的，南平县教育到底怎么样，海瑞的政绩如何，实际上都是督学官说了算，也就是一张嘴决定你几年的事！

对顶头上司的到来，谁都会认真对待，海瑞同样也很认真，但却弄出了让人很不舒服的问题。

为迎接延平府的督学官，海瑞带了两名教官。见到府督学官，两名教官习惯性地跪拜在地，而海瑞却站在原地，双手抱拳"长揖"作礼。

两边的跪着，中间的站着，一个"笔架"形"山"字在大庭广众之下，太醒目了。海瑞"笔架博士"的雅号，从此不胫而走。

行个礼就那么难吗？督学官肯定没见过这种场面，训斥海瑞不懂礼节。海瑞的解释是：这里是明伦堂，是庄严神圣的讲堂。大明的礼制，便是这种礼！

海瑞的解释是正确的。按照明初制定的礼制，学官在学校见上官，只需长揖，拜而不跪，以体现师道尊严。并且，这种礼制是太祖时代留下来的。太祖、太祖时代，始终是海瑞一生挥之不去的阴影，或是均不可替代的神圣。

礼节形式出问题，像是一种"皮肤病"，有碍观瞻，伤人面子。往深处想，发病机理处于隐形，也可能怕人。明朝已经过去一百多年了，从诞生到死亡，一个王朝与一人大体相似，差不多都是先出现轻微病症，最后才出来送命的绝症。制度风化，士风日坏，学官们为了讨好上官，跪拜已是习惯性动作。不仅仅是教育界，整个官场都是一样，下级跪拜上级，早就是通行的风气。如果认为这是一种官场病，也尚是一种"皮肤病"。通俗的解释是："拜"再加个"跪"，礼多人不怪。

现在，海瑞翻出一百年前的东西，就像旧衣服上打个新补丁，醒目，扎眼。

事实上，那块补丁，用的正是当初的那块布料。

督学官很难不生气，他认为海瑞有毛病。其实，是他自己身上潜伏的毛病，因为海瑞而显示出来了。问题是，大家都有这种病，就感觉不出病人群体。

"长揖"，本来确实是寻常的，海瑞认为仍然是寻常的。但除了海瑞，大家都认为这很另类——因为寻常，所以另类。海瑞这一站，有惊世骇俗之效，自己也一"站"成名。

——这是海瑞一生中做的最小的一件事，也是一生中最典型的一件事。海瑞由此实质性地出现在明朝的官场，并且持续地发挥类似效应。

明朝官场上的多数官员，都是学养深厚的，但在世风面前多选择"顺从"。当恪守礼法、堪为士范的海瑞出现时，他们测试出了自己的病。官员作为封建王朝的社会精英，可能腐败，不可能愚蠢，由海瑞而引出的礼仪病症，虽是出现在"皮肤表层"，难免引发他们的忧患与联想，同样也引发了对太祖时代的怀念与共鸣。如今的社会有法不依、有章不循，一旦成为常态，最终必定是重病缠身。对无病的海瑞，更多的官员深为赞赏，悄然叹息。海瑞得罪了一个督学，事实上赢得了多数官员的好感。

作为名人的海瑞，从此忙碌起来。他要做的一件事，便是接待，迎接"参观"。每每此类公务活动，海瑞行的礼，都是"长揖"。

海瑞的接待对象，上升到了学政。提督学政，是由朝廷委派到各省主持院试，并督察各地学官的官员，一般由翰林院或进士出身的官员担任。海瑞接待的这位学政，名叫朱衡——他在日后，将海瑞这张试纸，放到更多的官员面前，甚至可以说是中国"清官史"的操刀者。

接下来，海瑞接待的是道员，就是省级的行政与司法官员。海瑞的影响，已经从教育界蔓延到了全省的官场。

再下来，海瑞接待的是按院。按院，是朝廷派往各地的巡按御史——这说明什么？中央机关都知道南平县有个干部叫海瑞！

这么多人来，一是瞧新鲜，二是为自己贴金。不是所有的人都是真心来体检，要为自己治病的。传播海瑞"正能量"，也绝非所谓的官场良心。尤其对封疆大吏来说，出现海瑞这样的模范与典型，自己脸上有光，当然是自己的政绩。利益从来就是官场的深层次动因，海瑞与他们风格迥异，但没有利益冲突，而是某种意义上的利益共同体。没有利益，就没有腐败。明朝中叶以后，官僚体系虽已整体腐化，但官僚集团不可能希望王朝倒塌。真是那样，就是最彻底的利益丧失。每一个贪官，都希望别人是廉吏，所以越是腐败的社会，越是需要"清官"。

海瑞，就是这样受到了官场的肯定，也就这样名传天下。

二、力不从心的尝试

一个行为特别的教育界干部，一夜成名能为他带来什么？

答案：升官！

嘉靖三十七年（1558年）五月，四十五岁的海瑞出任浙江淳安县令。

县教育局长提拔为县长？破格，并且不是一般的破格。海瑞只是一个举人，能成为县令，这在明朝的中后期是十分罕见的。

海瑞破格晋升的原因，官场的说法是"狷介"。狷介，指的是性情正直，洁身自好，不与人苟合。地方上出现海瑞这样的"模范官员"，"巡按监司交章荐之"。这种认同，显然是在官场，而不在民众。直接将海瑞引荐进官场的，则是当年的顶头上司朱衡。教谕海瑞，给学政朱衡的印象太深了！

县令海瑞，又会带来什么轰动效应呢？最显性而又最普遍的回答是：清廉。

贪腐，是封建官场上的"流行病"。越是腐败的王朝，越会出现"清廉"的主旋律，彰显出贪腐这个时代主题。但历史上，又没有哪个王朝冒出制度上的考量，自己把自己关进"笼子"，好忽悠的一张牌通常就叫"清官"。太祖时代，砍下无数颗人头，剥下无数张人皮，但是制度上考量的少，吓唬人的成分重，所以事实上的明朝，清官依旧极为罕见，尤其像海瑞这样还坚持一辈子的。正因为如此，清官总显得比较紧俏。

中国历史上的著名清官，只有海瑞能与包拯齐名。但同为清官的包拯与海瑞，清廉的内核是有差异的。包拯的清廉有着浓厚的"民本"色彩，海瑞的清廉则是鲜明的道（理）学精神，其"天理人心"的内圣追求，是为了"保国保天下"的外王事功，从而表现出对明太祖苛严治吏制度的恪守，对太祖时代忠诚的信仰与怀念，并由此呈现出更多的差异。回归太祖时代，海瑞一生执着而失败地追求着。

身为一县之主的海瑞，按理应该与包拯一样，以为民办事或为民作主闻名。但事实上没有，因为他不能明察秋毫，料事如神，办理奇案远没有包拯式的传奇，也没有包拯的断案技巧。海瑞办案，不是包拯式调动各种刑侦手段一查到底，而是"两害相权取其轻"——对那些疑案，他不是慎重调查，而是根据封建礼法的要求，做出道德式的判断，甚至连封建王法都不顾，更谈不上法治精神。从公平、正义的角度来看，无论屈谁也都是不公平的。

但海瑞自己根本就不这么认为，《海瑞集》中他这样说："与其屈兄，宁屈其弟；与其屈叔伯，宁屈其侄；与其屈贫民，宁屈富民；与其屈愚直，宁屈刁顽。事在争产业，与其屈小民，宁屈乡宦；事在争言貌，与其屈乡宦，宁屈小民。"

这种断案方式，理论上的赞成率有百分之五十。考虑到弱势群体的份额，实际赞成超过三分之二肯定没问题。所以，如果要作民意调查，海瑞依然是个好官。更为深刻的是，海瑞的这种治理方式与明太祖的治国理念，又有着惊人的一致——太祖，平民出身，体恤下层是他的特点，跟"民本"思想有一点区别。

仅以把事情摆平当作履行公务，海瑞肯定是成不了政治明星的。海瑞再度成为政治明星，完全与公务无关，而是因为一次非常著名的买肉事件。海瑞到淳安当知县，非常穷，菜自己种，更舍不得吃肉。有一次，母亲过生日，海瑞买了两斤肉。卖肉的屠夫兴奋不已：没想到这辈子还做了笔海县令的生意！

这条消息，居然还传到了总督胡宗宪耳里，也载入了《明史》。

一县之长，穷得买不起两斤肉？明代官员工资实际上并不低，打开《明会典》可以发现，七品县太爷每年实际领到手的，有十二石大米、二十七两银子和三百六十贯钞。三百六十贯钞，当官的可以买到三十六石米，当然，换成老百姓也许就买不到这么多了。

除了俸禄，海瑞老家有四十亩田产，一年约有地租收入三十两银子。

海瑞在淳安当的是县令，住房是公房，明代县令住宅的装修和家具，用的也是公费，出行有官方驿站，无需自己掏腰包。海瑞的家庭支出只剩下生活费用：按照明清人的说法，成人一天吃米一升，海瑞十二石禄米可以管吃。海瑞当年生活在比较偏僻的淳安，这个地区的生活费用，有相关学者做过推算，大致每年每户（以一家五口计）需口粮十五石左右，油盐菜蔬约需银七两，穿衣用布约需银三两，燃料约需银三两。以海瑞的合法收入，过上小康生活并不困难。

当时买两斤肉要多少钱？按照海瑞自己的说法，"猪肉二十五斤，价银五钱四分。"换算成现在的人民币，每斤不到十块钱。给母亲过生日，海瑞穷到掏不出二十块钱？

这个问题很难论证，他当时的领导也不相信。嘉靖四十年（1561年）冬，海瑞到北京听候吏部考核，拜见吏部侍郎朱衡。老领导看他穿着一件破袍子，很不高兴：你即便是穷，也不至于穷得连一件官服也置办不起吧？！

朱衡的话，有点刻薄。回来后，海瑞便置办了一件绢做的新服。

海瑞的穷，其实是相对其他县令的。正常县令，应该是全县数一数二的富人，不至于县级"福布斯排行榜"榜上无名。但是，《严师教戒》中的海瑞与县令海瑞，始终是同一的。当《严师教戒》中的海瑞成为县令海瑞时，他也并非要刻意制造官场轰动，而是他很快检测出官场的又一种病：常例。

什么是"常例"？不是官员收受贿赂，而是历年官场留下来的惯例，包括出台土政策乱收费。常例的核心，在于"常"。习以为常，大家都这么做。有这个"常"，海瑞就不会"穷"，就会与其他同行一样富。

海瑞到淳安，做的最有意义的肯定不是"买肉"，因为这与他人没有太多的关联，同僚与上级关注也就没有意义，犯不着那么浅薄。海瑞做的一件与官场密切相关的事，同时也是损害群体利益的事，是革除常例。县令的常例是多少？——没当县令时不知道，当上县令海瑞吓了一跳！海瑞上任后，让师爷开列了一份全县大小官吏的"常例"明细清单，单是自己"县令"名下，收钱粮、催税赋、审均徭、管军匠、造黄册、验盐引、节礼等等，多则百两，少则数钱，这一年下来，竟然有两千两银子。

两千两，现值人民币差不多四十万！

当然，县令名下的这两千两银子，并不等于县令个人的收入。非正常的接待费用，公关费用，给上级送礼的费用等，都得从这里出。这同样是官场"常例"。

县令自己所有的，是"常例"剩下的部分，大概有一半。一半，一千两银子，人民币二十万，还是天文数字！

这种土政策下的乱收费或私设小金库，明太祖时代是明令禁止的，官员违反的代价，很可能是自己的脑袋。但是二百年过去了，一切与时俱进，"常例"不仅盛行，而且公开化。举国上下千余县如此，整个官僚系统也都如此，甚至就是靠这类"常例"维持运转。这些收入，维持着官员们的日常生活，更是关系网的维护费。而帝国的顶层，皇帝也为了自己的私库而加收矿捐等，派宦官等四处督办。从皇帝到小吏，都是这么过活。

触目惊心的腐败，却因为司空见惯而让整个官场熟视无睹，这就是流行病！

"纷纷世态，其不当予心有日矣！"早年读书时的海瑞这么认为，现在的观点依然如故。他要做的就是不同流合污，身在疫区而不被感染。而做到这一点，对别人来说难于登天，对海瑞来说则易如反掌。

综观海瑞一生，他始终能坚持"圣人"理想，砥砺节操，自觉于"存天理，灭人欲"。更重要的还在于，海瑞是太祖朱元璋的坚定崇拜者，他将"圣人"刻画的理想世界与现实中的朱元璋时代等同统一，所谓"数十年民得安生乐业，千载一时之盛也"。当他面对社会之病时，无一例外都会想起太祖旧制，并将之奉为医治社会的万能药方。

太祖又是怎样医治社会之病的呢？杀与捧。最为人熟知的，是朱元璋式的反腐：贪污一两银子杀头，杀头之外，还有抽肠；六十两以上，剥皮，挂在公堂警示。明太祖时代，几乎每个县的县衙都摆着一张人皮。严刑峻法下，洪武元年到十九年，两浙、江西、两广和福建的地方官员，没有一个做到任满。最严重的时候，地方政府几乎关门，朱元璋只好法外"开恩"，让那些官员死刑缓期执行，带着镣铐在公堂办公。

这就叫荒谬！

大屠杀的同时，朱元璋又大树典型，于是出现了王升、王兴宗、陶后仲、隋斌、王平等数十名廉政标兵。明太祖给他们加官晋爵，大加封赏，编出《彰善榜》《圣政记》等，广为宣传。

对明太祖的两招，海瑞认为前者是理所当然。至于后者，海瑞认为并不值得赞赏，因为这尚不及"圣人之训"的高度。而海瑞践行"圣人之训"，确实没有功利目的。所以，上任第十天，海瑞主动做出了一个令人目瞪口呆的决定：革除所有常例。

海瑞的这个举动，明显比任教谕时的守礼进了一层。前者是诊断，后者是诊治。

治病是一件很不舒服的事。有个段子说：病人求医，医生说你得戒烟，病人说行。医生说你得戒酒，病人说也行。医生说你得戒色，病人生气出门，说这病我不治了！

海瑞令人不爽，就是发现了病，还要当医生，并狠狠地医治。他这一刀下去，不光是他自己，县丞、典史、教谕、师爷，直到衙役、门子，全县大小官吏的灰色收入全都没了。

太祖时代是全国"一刀切"，现在的问题是没有"常例"的只有淳安，所以大家不平衡，也受不了。干同样的事，报酬只有同行的一个零头，谁愿给这样的老板打工？

跳槽，那是必须的！淳安有编制身份的县丞、主簿，纷纷要调离；临时工身份的衙役、门子，干脆招呼也不打直接回家。好处的大头没有了，谁在乎那么几个死钱？

但这些根本难不倒海瑞。县丞、主簿走了，他自己兼职。衙役没人干，无非待遇低，在更穷更贫困的乡镇总能找到人。所以，淳安县并没有就此关门，只有海县令特别累。

公务多了，私活也重了。一个月工资只有几两银子，家庭生活有难题，海瑞这回要"以权谋私"了：官署后院有一片闲置的国有土地，闲着也是闲着，不搞商品房开发，种点菜总是可以的。烧饭用柴，海瑞让老仆人上山去砍。一把年纪的老同志还干体力活，好心人送了他一担，海瑞发现了，付了柴钱，还把老仆人打了一顿。

淳安县毕竟不是独立王国，自己地盘的事好解决，同上面打交道怎么办？"常例"实际上是与上级领导"分成"的，革除"常例"自己的好处没有，领导的好处同时也没了，海瑞这官还能当下去吗？没有"小金库"的海瑞，很快就遇到了这个难题。

——有个路过淳安县的人，需要接待，还必须高规格接待。但他又不是官员，更谈不上公务，连安排一顿"工作餐"都不好报销。

这个人，便是胡宗宪的儿子。胡宗宪，时任浙江总督，海瑞的顶头上司。

接待的事，放在别人身上，根本就算不上问题。这类接待，也像流行病一样，整个官场都感染上了。但放在海瑞这张试纸上，很快颜色都变了。

不过，对这种流行病海瑞也知道不好治，所以睁一只眼闭一只眼让驿站去应付。驿站，原本只为递送使客，飞报军情，转运军需物资，后来渐渐不务正业，成为明朝官场这种"流行病"的重点疫区——公款旅游、公款吃喝等，皆假"公务"大行其事。崇祯朝为此撤销驿站，弄得李自成下岗，打翻了明朝。其实，不撤有不撤的好处，撤有撤的道理。

这种害死朝廷的流行病，海瑞岂能治得了！更可气的是这位胡公子，真不含糊啊！一到淳安，谱摆得比他爹还足。驿站盛情款待，他却百般挑剔。一不高兴，竟把驿丞倒吊起来。

海瑞这下脾气就上来了，立即把胡公子给抓了。胡公子在淳安不仅没收到礼，随身所携一千两银子，也被海瑞给没收了。

——这是海瑞平生开出的第一张"大处方"。怎么给患者家属交待？海瑞很是动了脑筋。因为这里有个前提，胡公子要吃要喝，按照"潜规则"，必须具备官家子弟身份。如果这个前提不成立，自己就不是医治官场流行病，跟总督大人也就没什么瓜葛了。

海瑞想了一个别人不敢想的办法：给胡宗宪写了一封信，吹捧总督大人节望清高，家风优良。现在，有一个恶徒，冒充大人家公子，败坏大人的声望，我替大人给收拾了！

自己的儿子是什么货色，胡宗宪当然心知肚明。但这种窝囊事，毕竟摆不上桌面与海瑞较真。胡宗宪明白，海瑞这是给自己扎一针，痛归痛，毕竟是自己人有毛病。所以，他只能忍着，还不能叫出声，一口窝囊气咽进肚里。

地方上的领导给得罪了，钦差大臣又被海瑞"医"火了——

嘉靖三十九年（1560年），都御史鄢懋卿巡行浙江。鄢懋卿本是个贪渎的官员，因为贪渎得太多，所以他早已习以为常了。只要有贪渎的机会，他怎么会放过呢？这次他奉命巡视浙江盐务，早早通知沿途各地：声称本院"素性简朴，不喜逢迎"。

这种官样通知，是让接待方"谦虚"的机会都没有。官场上的人，更是一看就明白：上级领导哪天要路过，接待工作要提前准备好，千万不要措手不及！所以，通知一发，沿途官员一个比一个准备得充分，标准自然一个比一个高。

海瑞怎么办？鄢钦差与胡公子显然不同，说不接待，人家是公务。但接待标准低了，等于花钱买气受。有学者称海瑞想了个招，气得鄢懋卿绕道而去，其实不是。根据《明世宗实录》记载，鄢懋卿这次出巡，是带着老婆一路吃喝玩乐，收受钱财的。沿途郡县官员，招待他们夫妻时，都跪着上菜，连供他用的便器都以白银装饰。吃喝加带，没有千把银子打不住，一个县令的"常例"，为他一人就要耗去大半。面对如此鄢钦差，海瑞只有硬着头皮了。

鄢懋卿将过境淳安的消息传来，没有钱又要花钱，很为难的是师爷。海瑞心情也很沉重，权衡之后只有豁出去："充军死罪，宁甘受，安可为此穿窬举动耶！"

海瑞为什么想到死呢？他是个有智商的人，都御史的头衔实在太大，这病自己肯定治不了。既不能视而不见，又不能同流合污，那就甘愿一死。清白到死，也是圣人之志。

无药可治，海瑞决定给"病人"喝白开水。鄢懋卿到了淳安，海瑞只给他们提供了普通工作餐。海瑞解释说："县小民贫，不足容车马。"

鄢懋卿知其不可屈，自己也不想丢面子，吃完这顿饭，便高兴而来，生气而去。

上上下下，海瑞都得罪了，这官应该是当到头了。

但很奇怪，海瑞接到了升任嘉兴通判的调令，七品官要升为六品官。

得罪人还升官，是因为海瑞太喜欢医人。讳疾忌医，官场上的这种本能反应很强烈。对海瑞的举动最受不了的，当然数浙江官员。海瑞看官场有病，官场看海瑞有病，可海瑞的"病"放到显微镜下，一个都不能叫"病"，并且是免疫力强。怎么端掉海瑞让自己清静？捧杀！

于是，府道官员联合上书：海瑞的道德实在太高尚了，浙江小地方配不上他，应该晋升到中央去任职！朝廷确实需要这样的典型，吏部采纳地方举荐，提拔海瑞为浙江嘉兴府通判。

吏部太蠢，还是太英明？弄来弄去，海瑞还在浙江啊——浙江官员，真的要哭了。

弄巧成拙，浙江官员决定更改策略，找被海瑞得罪的鄢懋卿，又给御史袁淳使银子。当面笑脸背后刀，海瑞这个麻烦终于被解决了。

海瑞正准备和新任淳安知县办移交，主动帮忙的来了——被海瑞得罪的鄢懋卿，已指使巡盐御史袁淳弹劾他"倨傲弗恭，不安分守"。

海瑞被免职，到手六品官帽飞了，浙江官员悬着的心也落地了。

干了五年淳安县令，海瑞的官场生涯似乎就此结束，但老领导朱衡救了他。吏部侍郎朱衡极力向吏部尚书严讷推荐，这一动作下，海瑞在免职后又被调任江西兴国知县。

从嘉靖四十二年春赴任，至嘉靖四十三年冬离任，海瑞在兴国干了一年零八个月。他在兴国雷厉风行地清丈土地，狠狠医治大户隐瞒土地偷税漏税的顽症，连原兵部尚书张鏊的侄子张豹、张魁都治服了。对常见病的治疗，海瑞从来都是不含糊的。

当然，浙江官员懂的，兴国官绅也明白。受不了，联名推荐，帮海瑞升官，为地方"送瘟神"。就这样，连续两次海瑞都是要给别人治病，结果被病人给治了，并且还让他吃药吃出了糖的感觉。

三、百病之源

嘉靖四十三年十月，海瑞升为户部云南司主事。这次升官，是兴国地方势力买通了省里京里，极言海瑞"工作出色"，应当升官。实际上，海瑞在兴国的土地清理都没有完成，自己的工作总结都不好写。既然表面上说得过去，私下里的运作又很到位，兴国人赶走海瑞的目标，就没有理由不实现。况且，除了私下的事不光彩，吏部也认为海瑞方正，却少变通，适合在"条条"，不适于"块块"，调整一个岗位也算是用人所长吧！

户部主事，正六品。官是升了，但干事就不如县令任性、好使了。户部主事是个闲差，或者说就是个高级机关干部，职掌的是各地的财政税收监管工作，实际上不过是签签公文。主事，是一个不大不小、不上不下的职位，大政方针有尚书、侍郎，具体事务有下官、吏员。对多数官员来说，当主事是件好事，不必每日到部办公，经常为工作费脑子。优点更明显：只需一个"熬"字，做官的资历就积累出来了。同事们全在熬呢，并且很轻松，天上地下，家长里短，比QQ群里都热闹。有时也聊国家大事，皇帝、朝政、中央、地方，桩桩件件，差不多是当段子讲，跟海瑞想象的庄严肃穆，完全两样。海瑞偶尔当了一两回"网管"，但最后被踢的是自己——谁都不带海瑞玩。海瑞，感到进入了一个真空地带。

海瑞是个闲不住的人，越闲越爱琢磨人，琢磨事，有着手拿听诊器四处找人的职业习惯。通过旁听，收获还是有的，海瑞很快发现了王朝更严重的病——心脏病！

西医认为主宰人体生命的是大脑，中医认为主宰人体生命的是心脏。王朝的心脏不是可爱的首都，而是尊敬的皇上。皇上的"病"，绝对就是王朝的心脏病。海瑞不仅认为皇上有"病"，甚至认为自己找到了王朝的百病之源！

——皇上有病，前提得清楚什么样的皇上属于没病。这对海瑞来说没有专业上的障碍，他是一个以天下为己任的儒生，致君尧舜上，答案早已背得滚瓜烂熟。进入中央政府，尽管职位低得可怜，实际离所谓中枢还十分遥远，但毕竟不再是一个有局限的地方官，海瑞完全可以站在更高的层面来思考更深的问题。

明世宗朱厚熜有什么病？他是明朝的第十一位皇帝，年号"嘉靖"，如今干了四十五年皇帝。一个工种干一生，只有等米下锅的人才有激情。早年的明世宗，英明苛察，严以驭官，宽以治民，整顿朝纲，减轻赋役，外抗倭寇，称得上是位有作为的皇帝。但中后期的朱厚熜崇信道教，痴迷于炼丹，以致闹出"壬寅宫变"，差点丢命。朱厚熜此后加强了安全生产意识，更加全身心地投入到神仙都不懂的研发工作，从来不到办公室，最多只是批阅文件。正常工作基本上都没有，更谈不上工作作风，而朝事不理，必国势日衰。

海瑞认为嘉靖帝有病，道理就在这里：朱厚熜当年的英明苛察，朱元璋当年的日理万机，还有更远的唐尧虞舜……不怕不识货，就怕货比货，跟自身比，跟别人比，这一比对还有什么不明白？

但这个病人太特殊了，是皇上啊！皇上真有病，只能叫龙体欠安，真是老年痴呆,也只能叫大智若愚!现在,朱厚熜的身体状况确实不好——由于长期服用丹药,朱厚熜的身体已经很差,只有脾气比过去强劲。脾气,是朱厚熜的一个品牌,四十多年前他的脾气还处于创牌阶段,即一次打了二百多干部,令其中的十七位调离人间。

重拳之下,"无敢言时政者"。杂音没了,和弦多了,举国上下,祥瑞涌现。脑子活的大臣,全成了写青词的高手。

海瑞对这些不陌生。但在强烈使命感的驱使下,海瑞做好了进"烈士墓"的准备。

嘉靖四十五年(1566年)二月,海瑞在棺材铺里买了口棺材,交待好后事,将自己的家人托付给了一个朋友。然后,向明世宗呈上《治安疏》。

《治安疏》,又称《直言天下第一事疏》。"第一",猛也!

没办法,对一个重症病人,普通的汤药,显然无济于事。

《治安疏》都说些啥?首先是症状:当今的天下,"吏贪官横,民不聊生,水旱无时,盗贼滋炽。"

病因:皇上昏聩多疑(心惑),刚愎残忍(苛断),自私虚荣(情偏),已是昏君加暴君!

药方:正己正人,不再"陛下误举,而诸臣误顺","一人正,天下无不正。"

疗效:一旦幡然悔悟,天下何忧不治,万事何忧不理?此在陛下一振作间而已!

为了让皇上接受治疗方案,海瑞简直是恐吓,他告诉皇上不治疗的后果:你以为天下太平呀?自欺欺人!老百姓连你的年号都感到不满——"嘉靖嘉靖",就是"家家皆净"!

"家家皆净",重在一个必然的逻辑结果:"你家也净"!对任何人,这个结果都是可怕的。病已如此,不治还有命吗?何况,虽说治疗有些痛苦,但可以一针见效,并可以疗效"三包"。

海瑞这一针,扎得着实不轻。明世宗读了海瑞的《治安疏》,愤怒之极。他将海瑞的奏疏重重地扔在地上，大声喊：快把他逮起来，不要让他跑掉！

要说杀人吧，明世宗要是保持明太祖时代的风格，那是完全可能的。但是，海瑞运气不错，明世宗身边的宦官黄锦提醒皇上：听说海瑞上疏之前，自己知道自己该死，已买了一口棺材，和妻子诀别，奴仆们也四处奔散没有留下来的，他自己是不会逃跑的。

那意思是说，您这个办法是不管用的。

宦官这一说，嘉靖帝沉默了。过了一会，他又忍不住重读了一遍海瑞的奏疏。一天里反复多次，叹息不止。这份《治安疏》，朱厚熜留在宫中数月。

拖了一段时间，海瑞被逮捕入狱，交锦衣卫审讯，问成死罪。然而，嘉靖一直不批准海瑞的死刑，只是将他交东厂监禁。

嘉靖帝虽说有"病"，但并不昏庸，他认为海瑞之言其实不虚，曾多次向首辅徐阶透露过这个意思。嘉靖帝曾说：这个人可与比干相比，但朕却不是商纣王。

忠臣对决昏君，答案是明摆的。嘉靖帝偏偏不是昏君，答案的产生就比较困难。嘉靖皇帝对海瑞的态度确实是优柔的，他眼中的海瑞无非是个理想主义者，透明而天真，率直而真诚，痛骂不是沽名、泄愤，而是怀揣圣人之道捧出的爱的深沉——这，也就是纠结。

治，还是不治？这时的嘉靖帝，除了海瑞诊断的病，御医也发现了他的病。嘉靖四十五年（1566年）秋天，嘉靖帝病倒，他召来阁臣徐阶议论禅让帝位给皇太子的事。嘉靖帝叹息：海瑞所说的都对，只是朕已经病了很长时间，怎能临朝听政？

户部何以尚，揣摩出皇帝没有杀死海瑞之心，上书陈情将海瑞释放。嘉靖帝大怒，命锦衣卫杖责何以尚一百大棒，关进诏狱，昼夜用刑审问。被打的，还有嘉靖帝身边的宫女。这些，都是有病无法医治的心理调节。

有阁臣主张对海瑞处以绞刑，被徐阶和刑部尚书黄光升压了下来。海瑞不是言官，即便是言官，批评都是对事，不是对人，更不要说以咄咄逼人的口气对皇上。海瑞不妥，但海瑞不错，这已是朝野的共识。

海瑞上书十个月后，嘉靖帝死去。提牢主事听说后，办了酒菜来款待海瑞。海瑞猜想，该是自己的死期到了——已经尽责，吃喝吧！

但主事在海瑞的耳边说了这样一段话：皇帝驾崩了，先生即将出狱，必受重用。

海瑞一惊：确实？

主事给了肯定的答复。主事也不是逢迎拍马，他若要日后升官，等海瑞帮忙，那自己早已退休了。他也是世道人心，把海瑞当作黑暗中的光亮，当作一面旗帜，一种象征，当作王朝的"正能量"。

但海瑞哭了，痛哭失声，吃下的饭菜全部吐到地上，然后晕倒。这一夜，哭声不断。

"病人"死了，这才是"医生"最大的失败！

四、疑难杂症

嘉靖死去的次日，隆庆皇帝登极，海瑞出狱。

为表万象更新，隆庆帝登基当天就释放了海瑞。内阁首辅徐阶更有意推举名声好的新人，整顿风气，同时也想把海瑞这个全国道德模范培植为自己的党羽。这种君相间的默契，促成了海瑞火箭式的连续升迁。

复职后的海瑞，先是改任兵部武库司主事。隆庆元年正月，升为尚宝司司丞；四月，升为大理寺右寺丞；七月，又升为大理寺左寺丞。

半年的时间，海瑞的职务变动了四次，一升再升，正六品变成了正五品。不过，海瑞的职务变动非常有意思。武库司，专司军械的更换、制造、贮藏等，很适合海瑞较真的性格。但武库司还有兵器研发的任务，这个是不能乱来的。在武库司干了一个月,海瑞又被换到了尚宝司。尚宝司的职责更机械些,是掌玉玺、符牌、印章。这个职位给海瑞,想出差错都难的。但这个职位,像是对海瑞特质的肯定,又像是对海瑞能力的怀疑。大理寺就不一样了,掌刑狱案件审理,需要德才兼备的人啊!

但在大理寺丞的位子上,海瑞也只干了四个月。十一月,海瑞再升任为通政司右通政,正四品。

准确地说,海瑞升任的南京通政司右通政,地点在南京,不是北京。南京通政司是个闲差,海瑞在这个任上呆了两年,这对不断挪位子的海瑞来说,太不正常了。

其实,海瑞的升官路线图一直不正常。虽不正常,却很有规律:在一个实权位子上,他总要闹出动静,然后升到闲职上。闲职再换到实权位子上,再闹出动静,然后又升到闲职上,或离开中央中枢。这意思,是不给他官不行,给他官也不行。都知道海瑞以"罢官"闻名,事实上他是不断升官,升得人眼花缭乱。

南京闲任上的海瑞,果然忍不住了,他给皇帝又上了一道书。这回,他不是骂皇帝,而是骂自己,说像自己这样的人,对国家根本无用,应该"革退",就是解除劳动合同。

隆庆接到奏疏,有点烫手。真将他辞退回家?这个先进典型是自己树的呀!想来想去,还是让内阁和吏部去处理吧。这一年,正好又是六年一次的"京察之年",四品以上的官员都要评出"称职、平常、不称职"三个等次,然后"换届",决定干部的升降去留。

内阁和吏部对海瑞的安排,其实是动了脑筋的:给他升官又不给他实权,就是供着个模范人物。连皇帝都敢骂的人,谁领导得了他,谁又敢与他共事?捅出乱子再收拾,大家脸上都不好看。

但海瑞认为这不是对自己的保护,而是官场的不正之风。现在海瑞有情绪了,朝廷也不能让人感到偌大的官场竟容不下一个海瑞。隆庆三年(1569年)六月,海瑞又回到了北京,升任都察院右佥都御史,总督粮储,提督军务,巡抚应天十府。

佥都御史,当然是实职。但对海瑞的工作分工,内阁和吏部就又不厚道了:让他去应天巡抚,驻地苏州,这不是外放么?

海瑞对这个安排则没有意见。巡抚,威权十足。海瑞要的,就是给人"看病""治病"的执业资格!

权力在手的海瑞,很快让官场目瞪口呆:被海巡抚拿来做外科手术的人,居然是徐阶。

徐阶,松江府华亭县人,嘉靖朝后期至隆庆朝初年的内阁首辅,也就是俗称的"宰相"。徐宰相的老家,正在这次海瑞巡视的范围内。

徐阶算是一个有作为的首辅,他清除了严嵩的党羽,法办了坑害人的巫师,减免税赋让社会休养生息……在海瑞心目中,徐阶也是正人君子,二人的关系密切而特殊。当年,徐阶受到高拱等人合攻时,海瑞义无反顾地支持徐阶,帮助徐阶击倒高拱。海瑞并不是一个完全迂腐的人,他应该明白,自己官场上的青云直上,除了皇上舆论导向上的考虑,真正的靠山正是徐阶——海瑞痛骂皇帝被捕下狱,刑部参照儿子咒骂父亲的条例,主张处以绞刑。海瑞最终活了下来,救命恩人也是徐阶。天底下,还有什么比这些恩情更重的呢?

于情于理,手握巡抚大权的海瑞,都不可能拿徐阶首先开刀!

不可想象,却是白纸黑字——海瑞勒令富户退回贫民投献田地的公告就是这么写的:本院法之所行,不知其为阁老尚书家也……

"阁老尚书",除了徐阶,没有对号入座的第二个。

这时的徐阶,在政治斗争中失利,被迫退休回到了老家,成为海瑞管辖下的一名乡绅。胜利者高拱,接任为内阁首辅,执握朝政大权。

海瑞为什么要这么做?因为他发现了国家的重症:土地兼并。

土地兼并,应该是每个封建王朝共有的疑难杂症。海瑞之前的几千年如此,海瑞之后的几百年仍然如此,封建王朝的疑难杂症从来就没有治好过。所有的历史书写到王朝覆灭时,都会加上这个病因,并且都算得上无比正确。当然,太祖打下江山时，这个问题是没有的。

明代中叶以后，土地兼并非常严重，老百姓耕无其田，国家也税无由出。民不安又国不泰，社会不稳定，王朝的根基动摇，这个病不治，这个王朝肯定就没治。但要治，先得诊断出病因。明代土地兼并相当复杂，强占土地、霸占茅房的少，教科书式的权贵抢夺平民，一般只用来鼓舞革命士气。实际上，民间的土地交易，更多的属于正常的土地"自由买卖"，当然也包含合法与非法的掠夺。

"掠夺"，还有"合法"的？这就是制度病根。

明代土地"投献"现象十分普遍。所谓"投献"，就是把自己的土地，白送给权豪势要。自愿把自家的地送人，不是老百姓愚蠢，而是老百姓无奈，无奈之下闪出的一点智慧光芒。

当然，送出的只是"土地证"。也就是土地的"所有权"送给权豪势要，然后从他们手里拿到"承包权"。有"所有权"的人给政府交税，有"承包权"的人给权豪势要交租。

明眼人肯定早猜出来了：租金绝对低于税金。

老百姓的精明就在这里：自己有一亩田，要向政府交税几石。现在这田不要了，租一亩田，只要交租几斗。这种好事都不知道干，那真叫愚民！

权豪势要当然也有好处：白白得到一亩地，每年还收到几斗租子，还没有法律风险。

谁吃亏？朝廷。

不过，这制度是明朝的最高统治者制定的，本意是优待皇族、勋贵，但整个官绅阶层同样享受等级特权。万历三十八年《优免则例》规定：现任一品京官免田一万亩，八品免田二千七百亩，外官减半。退休官员（致仕）免本品十分之六，未仕乡绅优免田最高达三千三百五十亩，生员、监生也有八十亩的优惠指标。如果有这么多优惠指标，又没有这么多田产，自然有人来"投献"。实在没有主动"投献"的，不排除坏人冒出坏主意。指标，历来就是有价证券。

政策与对策，从来就是共生的。纸上的政策规定与实际操作，肯定相差太远了。否则，就是权贵们的智商有水分。

官民齐声道好的这种朝廷好政策，毕竟有限度。一个简单的算术原理：总价不变，数量与单价成反比。这种摊到老百姓头上的"单价"，就是教科书上常写的"苛捐杂税"。如果不增加摊派，地方政府难以为继，皇粮国税也收不上来。所谓"财政"，有财才有政，朝廷没日子过，国家就太危险了。所以，早在弘治年间，户部郎中李梦阳就把"投献"列为时政的"三害"之一。

首辅徐阶，按规定可享受优免田一万亩。但据《明史》，他家实有田二十四万亩，佃户万人，家人数千。这么多田产、家人，"半系假借"。究竟有多少由纳献而来，很难查清。因为徐家不会说，"投献"者一般也不会举报。

徐阶的对手高拱，也曾揭露过徐阶违规纳献，他逮着的典型，是华亭县的孙五。孙五见徐阶位居首辅，势焰逼人，将田产等项值银一千五百余两进献徐府，充为家人，还改名徐五。随后，徐五从徐府领了二万多两银子，在当地放起了高利贷。在这笔交易中，徐五与徐府皆大欢喜，吃亏的只能是朝廷和地方及其他普通百姓。

铲除土地兼并的恶性肿瘤，海瑞的想法并没有错。问题是他并不在病因上动脑筋，而是拿徐阶做外科手术。他给徐阶开价，至少退掉"过半"的田产，这基本等于抄徐阶的家。徐阶不想把事情闹大，因为朝廷一旦知道他带头抵制海瑞，他势必会成为众矢之的。所以，他卖给海瑞一个面子：退十分之一。

徐阶还价，也有他的道理。这田，不是他一次收来的，要退需要分门别类，再拿到官府确认，工作量很大。不是手一挥，几万亩田就自动复位了。几万亩，至少涉及几千户，即便同佃户一一握手，也要费时好一阵子。

黄仁宇先生曾评价说：如果海瑞采取惩一儆百的方式，把徐家或其他几家有代表性的案件广事宣传，以使藉富欺贫者知所戒惧，他也许会在一种外张内弛的气氛中取得成功。

海瑞没有这样做，而是选择走极端。双方没有共识，海瑞开始整治徐阶。华亭县的农民被发动，控诉徐府的多达万人。在海瑞的支持下，要求退田的贫民成天围着徐阶的宅第游行示威,大声呼号,徐阶的日子没法过:"时刁民皆囚服破帽,率以五六十为群,沿街攘臂,叫喊号呼。而元辅(徐阶)之第,前后左右,日不下千余人。徐人计无所出,第取自泥粪贮积于厅,见拥入者,辄泼污之。"

泼大粪的招都用了,当初"宰相",今日流氓。你不要流氓,就被流氓耍,徐首辅实在无奈呀!

这事闹得很过分,据《穆宗实录》记载,当时即有很多言官批评海瑞,刑科都给事中舒化,称海瑞"迂滞不谙事体";吏科给事中戴凤翔,认为海瑞"沽名乱法,不谙吏事"。从某种意义上讲,言官们对土地兼并性质的认识,比海瑞清楚。关于如何处理,他们也认为海瑞其实是违法的。太祖时代,可以动用"刀把子"解决土地问题,问题是现在又不是太祖时代。

动"刀把子"的事,海瑞似乎依旧用上了:徐阶的长子、次子和十多个豪奴被判充军,三子被革去官职,数千家奴被遣散十之八九,掠夺的民田至少退还了一半。

这个结果很不正常,但为不明真相的老百姓所接受,并且叫好。海瑞除霸退田之事,受到民间追捧,也被后世演绎。《海瑞罢官》中为了强化戏剧冲突,把徐阶父子塑造得无恶不作,徐阶之子徐瑛霸占农田,强抢民女,海瑞秉公执法,在御史来摘他的大印之前斩了徐瑛。其实,真实的历史中海瑞没有杀徐瑛。徐阶的家人被处理,那是政敌高拱趁机报复。苏州知府、后来的松江知府,海瑞以为他是自己的手下,其实他是高拱的手下。

高拱成功地捅了徐阶一刀,递刀子的则是海瑞。最终的结果,是徐阶被打击,海瑞被吊销当"医生"做手术的资格证。

舒化批评海瑞时,还评价他是"一代直臣言"。这并不算恭维,海瑞确实是个正直的人。但这种正直的秉性,同样也让思路不转弯。这时的首辅是高拱,次辅是张居正。早在隆庆元年(1567年)徐、高争斗时,如日中天的海瑞力挺徐阶,给了高拱致命一击。东山再起的高拱,不可能因海瑞要徐阶退田就放过海瑞。张居正本是徐阶一党,海瑞拿徐阶开刀,张居正从中斡旋,海瑞又让他颜面尽失。有了这两个人的共识,海瑞怎么可能干到底?而他们的共识,恰是对海瑞的了解。依海瑞的行事方式，真把徐阶"医"结束了，势必会医到他们的头上。徐阶的问题，哪个高官没有呢？

重重挨了一刀的徐阶，并非没有官场能量。对付高拱力不从心，对付海瑞则游刃有余。徐阶弯下腰去求高拱，高拱的目的已圆满达到，开始显出"公正"与"大度"，他说海瑞确实太过分，但我不好亲自出手，您一定要理解我的难处！

徐阶明白了，说这好办，立即吩咐故旧，找个御史参了海瑞一本，高拱果然在奏本上签字同意——海瑞，调任南京总督粮储。土地兼并的事，从此与海瑞无关了。

五、疑似病人

南京总督粮储，是一个没有实权但待遇不错的职务，海瑞已年过半百，这正是他颐养天年的好去处。但是，闲差上的海瑞，根本闲不下来，他又发现了更多的疑似病人——所有的官员，都是"变态"的！

"今举朝之士皆妇人也，皇上勿听可也。"他在给皇帝的辞职报告中，开始骂满朝臣工都是"变性人"。

首辅李春芳六十岁了，是个挺温和的老头，见了海瑞的奏疏，也忍不住与同僚打趣：呵呵，老夫我是个老太婆啊！

认为官场上的人都有病，这几乎是海瑞的一贯观点。他在巡抚应天时，不光是给徐阶动手术，还给所有的人用过猛药——

入职当天，他即颁布《督抚条约》三十六条。这个方子很大，需要照方吃药的人太多。《督抚条约》规定，巡抚出巡各地，府、州、县官一律不准出城迎接，也不准设宴招待。考虑到朝廷大员须存体面，他准许工作餐可以有鸡、鱼、猪肉各一样，但不得供应鹅和黄酒，而且也不准超过伙食标准。这个标准是：物价高的地方纹银三钱，物价低的地方两钱，连蜡烛、柴火等开支也在上述"接待标准"之内。

《督抚条约》还禁止装修招待房舍，楼堂馆所一律停建。海瑞差一点搞了"无纸化办公"：境内公文，一律使用廉价纸；过去公文习惯上文后留空白，今后一律废止。

对官员的管理，海瑞从八小时以内，管到八小时以外，并且实行"实名制"：凡乡绅、举人、监生等到衙门拜见官员，或投递书信，必须进行登记。内容包括谈话的要点、书信的节录。官员出行，行踪和言论都要记载。记载不实的，官员和登记者都要处罚。

这些相关规定，不光是针对海瑞巡视地区的官员，路过这个地区的，也得照海瑞的规定去做。京师和外地的官员，到了海瑞的辖区，如同进入敌国。这影响，想不大都难啊！几乎全国的官场，由此一片哗然——如此怪僻、乖张、不近情理的封疆大吏，谁见过？

海瑞的怪异如果局限于官场，倒可以理解。但实际上，他将整个应天辖地包括苏州、常州、镇江、松江等十余府，搅得天翻地覆：他禁止百姓穿奇装异服，禁止制造奢侈品，包括应天特产的忠靖凌云巾、宛红撒金纸、斗糖斗缠、大定胜饼桌席等高端绸缎、文具、饰品及甜食……地方富豪的红漆大门，也得刷成黑色。整个苏州城，家家都像办丧事。

海瑞自认为理当如此。当年，明太祖朱元璋定下祖制，把元朝的等级制推向新的极端：衣食住行要严格按照品级，有钱也不能随便穿好的吃好的，不达到一定品级，不可以把家门刷成红色。海瑞，这是坚定不移地走朱元璋的道路啊！

回到一百年以前，可社会毕竟在进步，可能吗？正因为不可能，很多人认为海瑞有"病"。当代的学者，甚至认定海瑞是"偏执症"患者。

说"精神障碍"，太具现代色彩，古代只有笼统的疯子、傻子之说，放在海瑞头上不太合适。就儒家弟子的传统，当不失"修齐治平"的标准，合乎"一室之不治，何以天下家国为"的道理。因而即便是儒家传统之下，海瑞也真的很难算得上是一个正常人——

海瑞的家庭，是个一团糟的家庭。母亲谢氏，一生守寡，又教育出著名的清官，完全可以旌表为节妇。但她度过八十寿辰后，海瑞的上司仅呈请皇帝例行公事，给了个四品夫人衔，只享受普通官员亲属最基本的政治待遇。海瑞家庭纠纷不断，老母亲一点都不慈祥，除了儿子好，剩下的什么都不是，令时论大为不满，给人的感觉极不厚道。

海瑞的家庭，病态而悲剧。晚年，海瑞在给友人的信中说："每一思及，百念灰矣。"为什么呢？有一个极端的传闻：当年海瑞五岁的女儿很饿，男仆给了她一个饼充饥，海瑞说男女授受不亲，你怎么能接受一个男仆的食物？你要是我的女儿，就应该饿死！结果，这女儿饿了七天，直到饿死。

五岁的孩子，应该没有老父亲的精神毅力。而正常人，也干不出这等绝事。这个故事出自当时的文人笔记，资料来源是海瑞一个政敌写的奏折，控告海瑞无故饿死亲女。古代儿童夭折率确实很高，故事的细节也不一定真实，但绝非子虚乌有，当是空穴来风。

海瑞的妻妾子女众多，同样鲜有好的结果。海瑞的侄女婿梁云龙在《海忠介公行状》中称，海瑞有"三妻两妾"。野史则有"七娶""九娶"之说，明朝人姚叔祥《见只编》称"瑞已耄，而妻方艾"。意思说，海瑞耄耋之年还娶年轻漂亮的女孩子做小老婆。

海瑞的第一位夫人许氏，为海瑞生有两个儿女。嘉靖二十五年（1546年），海瑞三十四岁时许夫人被休。比较靠谱的分析，是与婆媳矛盾有关，并非许氏的过错。海瑞和许夫人离异之后，又娶了潘氏夫人。但不到一个月，潘氏又被休弃，原因不得而知。接着，海瑞又娶了王氏夫人。王夫人在海瑞到达淳安之前两年为海瑞生了个儿子。隆庆二年（1568年）七月，王夫人自杀。在王夫人去世前十一天，海瑞的小妾韩氏上吊自杀。海瑞的家庭生活扑朔迷离。

海瑞还有一妾邱氏，可能是海瑞在家乡闲居时所纳，她为晚年的海瑞生了一个儿子，但长到三岁就夭折了。海瑞死时，有"二媵四仆"。媵即侧室，也就是小妾。这二妾中有一个是邱氏，另一个则是有人所说的"瑞已耄，而妻方艾"的那个"方艾"的女孩子。如果这般，海瑞就应该有过三个小妾了。

清官，往往与清贫同日而语。海瑞的贫穷，备受世人的赞叹。但很少有人想过，一个省部级高官，甚至做到了"副国级"，如果生活都那么艰难，那些普通官员，还有普通的平民百姓，又怎么能活？

海瑞一生，娶妻、纳妾不断，是要花钱的。明代纳妾，买一个色艺俱佳的名妓，通常需支付身价千两白银。明代小说《金瓶梅》说，收婢女为妾需白银五十两，讨一个妾要百两以上，一般需要三百两，另付媒婆赏钱、道喜钱等项。海瑞娶妻纳妾，会是买两斤猪肉的钱？这"消费理念"，相当畸形。

海瑞到底有没有病，难有定论。但海瑞认定所有的官员都有病，则是肯定的。在南京总督粮储任上的苛论，让海瑞站到了整个官场的对立面，没有一个人对他表示支持或同情。隆庆四年（1570年）三月二十三日，高拱在御史杨邦宪《议革南京督粮都御史疏》上题复："见任南京粮储都御史海瑞依议裁革。"三天后，隆庆帝下旨："是"。

罢官回家的海瑞，一呆就是十六年。闲居的海瑞，这期间有了新的观点，他撰文称：嘉靖、隆庆、万历数十年间，官场均黑暗腐败，最重就是他的家乡！而在传统理念中，官员通常是不骂家乡的。东汉的大臣张湛，有一次回到老家，看见县衙便主动下马，随从认为没有必要，"不宜自轻"，张湛留下的一句名言是："父母之国，所宜尽礼，何谓轻哉？"

——海瑞眼里的世界，凡是所见之处，总是一无是处。

万历十三年（1585年），张居正已死，万历帝重复了隆庆帝的故事，再次起用七十二岁的海瑞为南京右佥都御史。但正如张居正所担心的那样，海瑞不是治病的妙手，而是诊断的能手。垂老的海瑞，一上任就要惩治敲诈勒索的五城兵马司，引发极大反弹。海瑞又上书皇帝，对吏治表示强烈不满，建议恢复明太祖对贪官剥皮实草的酷刑，以及定律枉法八十贯判处绞刑。此文一出，满朝文武哭笑不得。太祖时代的那一套，如今真的管用吗？

南京御史台本没有实际事务，官员几乎从来不坐班，显然也是问题。海瑞一到岗,马上要求人人"打卡"坐班,不来就要扣发工资。有一位御史过生日,在家摆宴席,请歌伎戏班子唱了一天。当时听戏,已是不分阶层的社会时尚,就是老百姓也不会觉得官员请人唱戏犯法。海瑞则按照太祖"御史为百官之表,宴燕不得延伎"的规定,把这位御史按到地上,杖责了一顿,谁求情也不手软。又有一位陈御史,让差役到市场上半价买米,被人举报。海瑞要加倍处罚陈御史,把差役革职,打了三十大板,再把他枷号在陈御史办公的衙门前,以羞辱陈御史。

每个皇帝起用海瑞,最终都会觉得得不偿失。几个月后,海瑞被改任南京吏部右侍郎,再改任南京右都御史。万历十五年(1587年),海瑞病死于南京任上。

据传海瑞去世后,主持海瑞丧事的王用汲,看见海瑞的贫寒,禁不住哭了起来,凑钱为海瑞办理丧事。但海瑞是个正二品的高官,即便无钱,以明朝的礼制,他的丧事也不会出现需要社会人士凑钱的情况。《明史》只称:海瑞"丧出江上,白衣冠送者夹岸,酹而哭者百里不绝"。

这个,应该是真的。海瑞从海南起复入南京为官那天,"黄童白叟,填溢街巷以观公。"海瑞宅第每天都有前来拜见的百姓,海瑞问:"见我何为,欲言事乎?"百姓叩头说:"没什么事,就想看看海爷的相貌。"海瑞上下班路上,也常有"海粉"蹲守,只为在海瑞掀起轿帘的刹那,看上一眼。

百姓对海瑞交口称赞,有人确实是因为海瑞帮他们打赢了官司,但更多的人并没有从海瑞这里受到任何实际好处。正因为没有实际关联,才有一种复杂的社会心态,驱使他们支持海瑞,保持着对海瑞的想象。清官——海瑞的这种符号价值,比他做官时给百姓带来的实际价值要大得多。

海瑞一生都以"圣人"自居,视他人为"病人",但也被他人视为"病人"。海瑞到底是"圣人"还是"病人"?乔治·奥威尔评价甘地说:接近圣人之境的人,往往是可怕的!至于"清官",真正的救时人物曾国藩说:余平生以享大名为忧,若清廉之名,尤恐折福也……

较之于曾国藩,海瑞只有成名,没有成功。曾国藩的救时,就在于他不像海瑞那样坚持活在自己的太祖时代!

左光斗：朋党之争的牺牲品

明代官场上的争斗，常见的是一股"温柔风"：互相给对手下"套子"，对手掉坑里，大戏差不多就落幕了。到了天启年间，朋党之间的斗法风格陡转：魏忠贤一气逮了六个东林党人，清代著名作家方苞在《左忠毅公逸事》中，叙述了其中的左光斗。锦衣卫诏狱之中，左光斗"席地倚墙而坐，面额焦烂不可辨，左膝以下，筋骨尽脱矣……""温柔风"不再，"酷烈风"骤起，杨涟、左光斗、袁化中、魏大中、周朝瑞、顾大章等"东林六君子"，没有一个活着出来。

文章大家方苞，作品多以细节取胜，《左忠毅公逸事》长期入选教科书，左光斗也由此广为人知。而这位明末的著名忠臣左光斗，则有着更多的细节与微观，信息量巨大而意味深长……

一、家风

左光斗（1575—1625），字共之，又字遗直，号浮邱，又号苍屿，南直隶桐城县东乡（今枞阳县横埠镇）人，万历三十五年（1607年）三甲第九十一名进士。左光斗出现在明季官场，只有十八年。

官场十八年，左光斗默默无闻的时间长达十二年。左光斗初授内阁中书舍人，官从七品。中书舍人只有副处级，不仅职级很低，也谈不上权力。明代的中书舍人隶属内阁中书科，干的是公文起草之类事务，内阁的"通知"要写，皇帝的圣旨也写。但是，公文中的意见都是"领导"的，中书舍人的职责就是把它们变成文字，不能写错别字，不能把"领导"的意思弄错、弄反。

万历四十一年（1613年），左光斗擢御史台候命。这一候，就是六年。直到万历四十七年（1619年），左光斗才正式担任浙江左道监察御史。天启三年（1623年），左光斗升授大理寺左寺，又晋大理寺少卿。天启四年（1624年），左光斗升都察院左佥都御史。左光斗官场上的最后六年，始终都在执法、执纪的岗位上。

正是在这种位子上，左光斗呈现出官场"角斗士"的风格。泰昌元年（1620年），明光宗暴毙，左光斗将光宗的宠妃、天启帝的养母李选侍骂得狗血喷头。内宫多事，人人自危，唯有左光斗等少数官员敢于出头。左光斗这种官场风格，像是职业风格，更重要的还是源于"家风"。

左光斗的曾祖父叫左麟，清史馆总纂马其昶《桐城耆旧传》中，载有左麟一则故事：明初桐城县的"芦课"（即芦苇税）十分繁重，桐城"芦课"集中在左光斗的家乡东乡，普通税户根本交不起。治下百姓苦不堪言，桐城县官也心知肚明，但也没有太好的办法，因为税赋是朝廷核定的，县邑本级无权减免，核定的税赋必须依册征缴。与其得罪上司，不如得罪百姓，桐城县令为保证税银的足额上解，只得强逼硬收。仍不能完税的，便关入县狱逼打，左麟的左邻右舍，常因此被关进桐城县狱。

左光斗的祖上比较富裕，自家不存在交不起税的问题，但乡亲经常因交不起税被关受刑，左麟就看不下去了。与妻子一商量，干脆掏钱替乡亲们垫上。可需垫税的乡民实在太多，更要命的是这一年的"芦课"问题解决了，新一年的"芦课"问题又来了，左家就算有百万家财也不够啊！百姓还是交纳不出，县官照旧打人、关人，左麟的火气腾地就上来了。左麟怒不可遏，收拾行李，直接进京找皇帝告御状去了。

明初大力倡导上访直诉，老百姓认为地方上有什么问题，可以直接进京，地方官谁阻拦处理谁。老百姓说得对，皇帝有赏赐，所以明初老百姓押着地方官进京的事都有，地方官不敢轻易欺负老百姓，社会秩序恢复得也快。

但是，上访直诉制度的设计也有问题：国家这么大，事无巨细都由最高统治者来公断，这量也实在太大了，没有什么可持续性。后来设了道"门槛"，《大明律》规定：未经地方政府处理直接进京申告，越诉者"笞五十"，然后再受理。这招特有意思，如果莫名其妙被人扇了一耳光，明显太委曲，可又打不过人家，怎么办？理论上可以找皇帝去主持公道，但前提得先接受这五十大板，身体欠佳的可能小命不保。为"一耳光"的事挨"五十板"，事主觉得不划算，不如自己咽下一口气。

左麟为乡亲的事越级进京上访，显然是知道这个利害的，这"笞五十"下来，左光斗的曾祖父左麟也不知道会是什么后果。好在左家的家童左恩很忠勇，自愿替主人领受了"笞五十"——左恩偷了主人的状子，提前赶到午门击鼓鸣冤。"笞五十"下来，左恩果然一命呜呼。左恩死后，左麟见到了明宪宗，当面向其陈述桐城"芦课"实情，明宪宗"允奏，减课额十之三"。

仅仅因为看不下去，便做了这件完全与己无关的事。为了这场进京上访，左家耗银近万两，外加一条人命。

二、乡风

明初的万两银子，折合人民币不下 500 万元，是个天文数字。为一桩与己不相干的事，搭上一条人命，耗去巨额家财，左麟究竟是因为什么？

性格，或是性情。左麟在地方，人称侠义之士，看不惯的事情，拼命也是可以有的。

从曾祖父左麟到左光斗，左家数代的性格，基本上差不多，左家的"家风"就是这样。

左家的"家风"，似乎是"遗传"，其实，不尽是。左光斗的家乡桐城东乡，"民风"全都是这样。

桐城东乡是一个俗称，真正的乡名叫"清净"。清净乡地处桐城县的最东端，是一个枕山览水之境。乡名"清净"，本是个佛教用语。宗教呵护的是人的心灵，"清净"也是乡民的信仰追求，地方民风原本淡泊，但这是地方的"过去式"。

左光斗的先祖本居江南泾县，明洪武年间迁居桐城东乡。这时的桐城东乡，民风剽悍，崇尚勇武，人心耿直。清代桐城派大师吴汝纶《章冠鳌传》曰："东乡俗尚意气，其民好斗敢死。"

桐城东乡的民风巨变，正是起于左氏家族迁居桐城的明初。中国历史上，明代实行最严格的"役籍乡贯"制度，即所谓"籍贯"。"籍"指"役籍"，"贯"指"乡贯"，与现代的"籍贯"概念差异很大。简而言之，"役籍"相当于当代的户口类型，明代的"役籍"分为"民籍""军籍"等。不同的役籍，通常都会从事农业，但承担的税赋、徭役等义务完全不同。民籍承担的是田赋与力役、杂役等，军籍则承担军役义务，包括治安维护与征战等，是单一的兵役义务。

左光斗家族虽属民籍，但整个桐城东乡的氏族多为军籍。桐城东乡所出的著名历史人物方以智、方苞家族，章纶、章伯钧家族等，皆为军籍。这些职业军人性质的乡民，长期接受军事"操术"与"军纪"的训练。军纪即军规，明代的军规内容复杂而严酷，核心在强调军人的服从性。军人以服从命令为天职，长官命令无论对错，军人都须无条件执行，显示军人式的牺牲精神。

武艺精湛，军纪严明，义气为先，牺牲生命在所不惜，民风格外强悍，传承至今。清代江南九华山出了欺男霸女的恶僧，桐城东乡人听说后，一下去了三十六个武术高手，奔袭百里，把九华山打得稀里哗啦。清末太平军想借道东乡，老百姓根本不拿太平军当回事，来一次打一次，打得太平军不敢进东乡。

明代"役籍"制度的养成，桐城东乡人说一不二、敢作敢当的性格尤为凸显，也就是桐城派大师吴汝纶所称"好斗敢死"的东乡民风。

左光斗便是这种说一不二的人。有一年，左光斗与朋友、老乡方大铉一起喝酒，见其六岁的儿子方文在一旁玩耍，随口问了一句："你读过什么书？"方文答："杜诗。"左光斗顿时来了兴趣，对小孩说："这么小都能背杜诗？背一首试试，真背出来了，我把女儿给你！"结果方文真的背出来了，左光斗也真的将长女许配给了方文。

左光斗的女儿成亲后，与婆家人的生活不和谐，一次口角后自杀身亡。左家一大帮人冲进方家，将方家砸得稀巴烂。方文有一小妾有孕在身，不幸成为出气筒，一顿拳脚后当场毙命，闹出一尸两命的惨剧。左光斗的女婿方文跑得快，好多年后都不敢回家。

家风，乡风，可见一斑。左光斗进入官场，明季的世风又席卷而来。三风合一，左光斗命中的血雨腥风隐约显现……

三、世风

世风日下，是王朝末期的普遍特征。但"世风"的概念，显得抽象而空泛，明季的世风于官场的突出表现之一，就是黑白不分的"朋党之争"。

左光斗官场经历十八年，六年默默无闻，六年"下岗待业"，最后六年手段雷霆。

万历四十七年（1619年），明朝官场有场整风运动，左光斗出任御史巡视京城，一气抓了一百余假官。明季的假官，不是小广告上的办假证，而是官员任命中程序与门径方面存在问题。卖官买官是一种风气，左光斗不吃这一套，也不问假官背后的真"靠山"是谁，直接就较上劲了。左光斗任御史的时间并不长，"铁骨御史"的声名却不小。

左光斗显然充满了正气，朋党之风中左光斗不能不置身其中——左光斗是东林党成员，并且是东林骨干。为了东林党的利益，左光斗还看上了另一个人，即《明史》中的"奸臣"阮大铖。

阮大铖，字集之，号圆海、石巢、百子山樵，桐城人。阮大铖于万历四十四年（1616年）进士，官场是非一言难尽，最终他以文学而史上闻名。

天启四年（1624年），阮大铖因父亲去世在家丁忧守孝。"丁忧"就是俗称的"守孝三年"，实际上明制规定的"丁忧"时间是二十七个月。可是，二十七个月早已过去，吏部依旧没有给阮大铖安排新的工作，到底是哪里出了问题，阮大铖成天就在郁闷着这个事。正在琢磨奥秘时，阮大铖忽然发现这脑子动得有些多余——左光斗给阮大铖写来一封信，说你马上给我回京，我帮你谋到了一个好位子！

确实是个好位子：吏科都给事中。阮大铖"丁忧"前只是个"行人"，是一个科级（正八品）干部，工作职责主要是颁行诏敕、奉旨吊祭、奖励官员之类的事务，虽说工作体面还比较风光，但有什么权力那就谈不上了。并且，在这个位子上，阮大铖原地踏步干了九年。

吏科都给事中是正七品，这官品升了两级，"掌侍从、规谏、补阙、拾遗、稽察六部百司之事"，就是以皇帝名义发出的制敕，都给事中发现有什么不妥之处，可以"封还"给踢回去。组织部长（吏部尚书）有重要工作向皇帝汇报，副部长一般不参加，但得有吏科都给事中陪同前往。吏科都给事中"品卑而权重"，左光斗主动帮自己谋到这么好的官位，阮大铖确实没有想到。

为阮大铖谋官，像是老乡帮老乡，也说得过去。左光斗确实是阮大铖的同乡，并且还是"同里"。除了是同乡，还是朋友，左、阮两家一直很有交情，交往频繁。但是，这些都不是最重要的。

左光斗关照阮大铖，关键在于二人是"同志"：左光斗是东林党的骨干成员，阮大铖是东林党的老党员，算"党龄"那都是一二十年了——阮大铖早在求学之际，就成了东林党领袖高攀龙的弟子。东林党领袖亲自当"介绍人"，阮大铖就这么加入了东林党。

朋党的群体利益优先至上，吏科都给事中这顶帽子，必须戴在东林党的党员头上。但是，明朝的官员升迁，要遵循论资排辈的既定规则。为了计划的圆满实现，东林党事先进行了精心谋划：天启四年二月，原吏科都给事中程注资满当迁。程注提拔走了，空出来的位子按"规则"应该由周士朴接任。问题的关键是，周士朴是个"无党派"人士，并且"性刚果"，不好操控，吏科都给事中的帽子断断不能给他。排名在周士朴之后的，是时任刑科给事中的刘弘化。刘弘化也是东林党人，但在东林党的核心层里没有"铁哥们"，加上自己的父亲已经病重，父亲一旦病故自己也要按规定回家"丁忧"，所以刘弘化自己放弃了竞争。这接下来的人选，只剩阮大铖一个人了。

出于对内幕的一清二楚与群体利益的综合考虑，左光斗认为只有阮大铖才是不二人选：有能耐，是同党，是朋友，是同乡。把阮大铖放到重要岗位，有利于双方共同打拼，对东林党也不失为一件好事。可是，等阮大铖赶到北京时，左光斗自己先为难了起来——因为，东林党高层刚开了一次高层碰头会，对当前的斗争形势有了更全面的分析。

东林魁首顾宪成及吏部尚书赵南星等人认为，论才干与资历，阮大铖"确实没问题"，但问题的问题是，阮大铖性格太张扬，见人都有说不完的话。清康熙《怀宁县志》载：阮大铖"为人亢爽英多，风仪秀整，掀髯谈天下事，如河源滚滚，莫测涯际"。东林党树大招风，与昆、齐、浙、楚诸党及魏忠贤之间，难免需要明争暗斗，保密工作至关重要。从东林党整体利益出发，另一东林党成员魏大中则城府极深，更适合出任吏科都给事中。此时的东林党领袖并无恶意，亦非认为阮大铖品行存在问题。为公平起见，拟让阮大铖出任同级别的工科都给事中。但是，工科权力不显，魏大中资历又不如己，阮大铖极不乐意。

这一下，最尴尬的就数左光斗了。信是自己写的，人是自己叫过来的，难道自己吐出的口水，还得自己咽回去？这也不是左光斗的性格啊！

左光斗越尴尬，东林大佬的态度则越坚决：这吐出的口水，还真得你自己咽回去。阮大铖与你关系"铁"，你也跟他好沟通，你要主动找阮大铖谈次话，做好他的思想工作。

虽说自己是党内骨干，但跟领袖们比，自己毕竟人微言轻。领导的话说到了这份上，左光斗只好硬着头皮找阮大铖谈心。

四、对手

吏科都给事中的工作领域，主要在组织人事；工科都给事中的工作领域，主要在工程建设。前者政治权力明显，后者经济利益明显，孰好孰差是因人而异的。左光斗把工作安排的情况一说，阮大铖感到特别别扭：要说当官捞点好处的事，这时的阮大铖并不热衷，人家家庭环境优越，是个不缺钱花的主，奔的就是一个政治前途。较之于工科，吏科明显是"重用"，而重用的这个人，阮大铖也是越想越别扭——魏大中，自己的"同志"，还是"同学（同年，同科进士）"。让魏大中去吏科，东林党内明显是在重用魏"同志"，不重用阮"同志"。党外又会怎么看？明显就是阮"同学"不如魏"同学"啊！

推心置腹，左光斗与阮大铖谈了一通。阮大铖对官场内幕并不陌生，觉得这时候与左光斗争论已毫无意义，再找党的领袖去争取也为时已晚。煮熟的"鸭子"居然飞了，阮大铖实在咽不下这口气。当着左光斗的面，阮大铖什么都忍着。出了左光斗家的门，阮大铖就开始动起了脑筋。

官场上要想搞顶好"帽子"，唯一的办法就是"找人"。找谁呢？找赵南星，现在等于白找。找齐、浙、楚这种小党的领袖，本不是"同志"，还要得罪"同志们"。就算找到了，最终肯定还是被"同志们"否决。要"找人"，只能找能镇得住东林党的人。

天启朝，唯一能与东林党乃至整个文官集团相抗衡的，只有宦官集团。而天启皇帝最信得过的宦官，便是太监魏忠贤，也是东林党最强劲的对手。

历史上的魏忠贤，名声相当不好。不过，那是后来的事。早年时魏忠贤混得极其潦倒，走投无路之际痛下狠手自宫，以便找份好工作，进宫去当宦官。但是，年龄超标，没被录用。魏忠贤只好降低奋斗目标，到退休太监孙暹家当临时工。在这里，魏忠贤表现出过硬的政治素质和业务素质，孙暹一看这小伙子不错，也才二十多岁，不符合招工条件的也只有这一点，于是卖了个老面子，推荐他进宫当了宦官，让"临时工"转正为"正式工"，实现了魏忠贤的进京梦。

在宫中，魏忠贤一干就是三十多年。虽说工龄挺长，但想帮人弄个官做那是不可能的事，因为魏忠贤手中的"权力"，只局限于倒马桶，扫地抹桌子，看仓库。三十多年啊，五十多岁了，魏老头不仅面临"退休"回家，而且年纪临近明代的平均寿命。

魏老头是怎么时来运转的呢？倒马桶时爱上了马桶，看仓库时爱上了仓库，干一行爱一行，任劳任怨，默默无闻，被人称作"魏傻子"，魏老头是有优点的。万历三十三年（1605年），万历皇帝添了个孙子。这是天大的喜事，按例对儿媳妇王才人的生活待遇给予提高，选拔"服务员"时看中了"魏傻子"。

"才人"，相当于职称，给帝王家当老婆提供相关服务，都要持证上岗。王才人自身职称不太高，但是，她是明光宗泰昌皇帝朱常洛的老婆——之一，明熹宗天启皇帝朱由校的母亲——唯一。当然，这么多耀眼的光环，全都是后来的事。

"魏傻子"由于得到王才人的赏识，名字正式被确定为"魏忠贤"。魏忠贤倒马桶时爱上了马桶，服务朱由校时爱上了朱由校，这种人与人之间的情感，其实是很真挚的。朱由校成为天启皇帝，魏忠贤由普通"服务员"一路攀升，成了太监。这种成功，有些必然，也有些偶然。

魏忠贤作为成功人士，又是皇帝身边的红人，阮大铖想找到他绝非易事，因为这时的阮大铖并不认识魏忠贤。但是，阮大铖有能耐——这是根据史料分析出来的阮大铖的"找人"路径：通过朋友傅继教，阮大铖找到了傅櫆，通过傅櫆，阮大铖找到了其友傅应星。傅应星是魏忠贤的外甥、养子，阮大铖好不容易找到了魏忠贤这里。

这一大圈绕的，人脉关系显然在逐层衰减，阮大铖"找人"的效果能够理想吗？

五、诀窍

现实世界中，放射金色光芒的不是太阳而是银子。阮大铖"找人"不是白找，银子太重魏忠贤也就顾不上年老体弱了。

理论上讲，阮大铖"找人"找到魏忠贤这里，事情能不能办成是个问号。魏忠贤的官品与左光斗一样大，都是正四品，并且没有东林党控制下的吏部职能。但是，理论都是来源于实践的，左光斗没帮阮大铖办成的事，魏忠贤还真帮他办成了。

左光斗的能力，难道比魏忠贤差？不是这回事。左光斗有学识、有经验，还有他人没有的打拼精神。万历三十五年（1607年），左光斗考中三甲第九十一名进士，任内阁中书舍人，官从七品；万历四十一年（1613年），擢御史台候命；万历四十七年（1619年），授浙江左道监察御史，官正七品；直到天启三年（1623年），官场摔打十六年，官只升了一级。但是，左光斗很快创造了官场奇迹——天启三年（1623年），左光斗升授大理寺左寺，又晋大理寺少卿，官阶已是从五品；天启四年（1624年），升都察院左佥都御史，官正四品。一年多时间里，左光斗官升六级，完全是个有能耐的人。

但是，官的大小与权力的大小，完全是相对的。左光斗的四品官相对于赵南星的三品官，足足小了两级，所谓"官大一级压死人"，左光斗说行赵南星说不行，那就是绝对的不行。魏忠贤比赵南星也小两级，但这个四品是太监四品，约等于文官的二品，或更高一些。文官的最大一顶官帽是"首辅"，也就是俗称的"宰相"。首辅是外相，太监是内相，二者只有权力范围上的划分，品级仅是参考系数。

权力范围，同样是相对的。吏部、内阁的人事安排方案，最终要通过太监送到皇帝手上，皇帝说行才是真行。如果太监将公文压着，或者利用与皇帝个人间的关系，做通皇帝的思想工作，吏部、内阁的人事安排就得改，一直改到太监满意为止。魏忠贤用的就是这一招。东林党没办法，不得不修改对阮大铖人事安排的意见，让其担任吏科都给事中，回到左光斗最初的建议上。

事情算是回到了从前，但相互间的关系再也回不到从前了。左光斗与阮大铖之间的关系，最初是"同志"、"朋友"和"同乡"，插上这一出，只剩下一个"同乡"，其余的都不存在了。

更严重的后果，还不在这里……

六、惹祸

历史的偶然性是不容忽略的，如果东林党的人事安排尊重了左光斗的意见，吏科都给事中用了阮大铖，而不是赵南星力挺的魏大中，东林党的"党史"很可能被改写。正是这个魏大中，最先将东林党带进雷区。

魏大中（1575—1625），字孔时，号廓园，明万历四十四年三甲第十三名进士，"家庭成分"是"军籍"。虽说"出身论"不科学，但魏大中确是一副臭硬脾气，也是东林党中敢打敢拼的著名打手，性格与左光斗颇为相似。

天启四年二月十九日，刑科给事中傅櫆弹劾左光斗、魏大中"招权纳贿"。东林党的两大骨干一齐中枪。是不是东林党与魏忠贤集团之间正式开战？像是，其实不是。傅櫆确实投靠了魏党，更重要的他是江西人。"翰林多吉水，朝士半江西"，明朝官场上的江西人一直有实力。明末朋党丛生，江西人不能不抱团建"江西党"。

这个时候的江西党，也不是要全面反攻东林党，而是要把左光斗与魏大中往死里整。傅櫆奏疏上写的是左光斗、魏大中"招权纳贿"，实际上是魏大中不给江西人面子——他驳了刘一煜的恤典。恤典，简单地说就是朝廷对去世官吏给予追封、赠谥、树碑、立坊、建祠之类的"政治荣誉"。刘一煜，江西南昌人，曾任浙江巡抚。其兄刘一燝，是继方从哲之后的明朝首辅，天启二年去官后，崇祯初年再复原官。他们的父亲官小一点，也是陕西右布政使。所以，刘家绝对是江西党的总部。魏大中不批准刘一煜的恤典，不仅是刘家失了面子，而且整个江西官员都感到矮了三分。

左光斗跟着魏大中成为江西人的靶子，同样不是收黑钱的事，而是他深深地得罪了江西人。《明史·左光斗本传》："熊明遇、徐良彦皆欲得佥都御史，而（赵）南星引光斗为之，两人亦恨光斗。"当初，与左光斗争夺左佥都御史的，竞争对手便是熊明遇、徐良彦。熊明遇，南昌进贤人；徐良彦，江西南昌新建人。左光斗仰仗党的领袖赵南星击败了熊、徐，仇恨的种子也就这么种下了。

江西党死整左光斗、魏大中，傅櫆还只是个"领衔人"，幕后总策划则是章允儒。《明史·黄尊素传》曰："是时，东林盈朝，自以乡里分朋党。江西章允儒、陈良训与大中有隙。"章允儒，万历四十四年进士，时任礼科都给事中，江西南昌人。这个人比较凶狠，算不上厚道，但也不算坏人，看魏忠贤不顺眼时，他也攻击。面对共同的政敌，章允儒当了领头羊，熊明遇、徐良彦积极参与，一同鼓动傅櫆出头露面，奏劾左光斗、魏大中。

面对江西党的进攻，左光斗与东林党人并不紧张，因为这二党的实力，远远不在一个层面上。但是，他们忽视了这个事的"领衔人"。

七、合作

傅櫆的身份颇为特殊——他是江西党，也是魏忠贤的人。面对傅櫆的挑战，左光斗做出回应是必须的，《明史·左光斗本传》："光斗疏辨，且诋櫆结东厂理刑傅继教为昆弟。槐恚，再疏讦光斗。光斗乞罢，事得解。"

有惊无险，左光斗像是没事了。但是，"诋槐结东厂理刑傅继教为昆弟"，《明史》这一句写得很简洁，左光斗惹下的新麻烦其实很怕人——"东厂"，魏忠贤主管的部门；"傅继教"，魏忠贤的外甥加养子。左光斗没提"魏忠贤"一个字，这火则几乎烧到了魏忠贤的胡子，幸亏魏忠贤没有胡子。

魏忠贤应该很生气，这当然纯属推理的。事实上魏忠贤没有生气，他对自己的认识比较清醒：自己的文化水平低得不能再低，在官场资格也比较嫩。前者，自己五十多岁了，也不适合到"扫盲班"进修，买一张文凭也不管用。至于后者，倒是可以想办法的。

明末的阉党，是官场上的客观存在，与左光斗关系很铁的太监王安，就是当时的阉党领袖。万历朝的官场背景，是皇帝对文臣与宦官都不太信任，这也是前朝嘉靖皇帝的传统，所以文臣与宦官要合作，阉党与东林党是"友党"。天启元年，魏朝、王安先后被杀，王体乾担任司礼监掌印太监，魏忠贤担任司礼监秉笔太监兼东厂提督太监。魏忠贤因为与天启皇帝关系特铁，名义上的"二把手"魏忠贤，实际上就是名副其实的阉党领袖，这时的阉党等于是魏党。

这还不仅是一个称呼的问题，魏党与阉党有着实质不同：天启皇帝继承了爷爷的传统，继续不信任文臣，但对以魏忠贤为首的内臣非常倚重。皇帝对内外臣都不信任，东林党可以视阉党为"友党"；皇帝信任内臣、不信任外臣，东林党看魏党便是满满的敌意。

作为魏党的领袖，魏忠贤对阉党的性质作了实质性的开拓，大力在文臣中发展"党员"。七十多岁的礼部尚书顾秉谦成为年龄最老、"党龄"最嫩的魏党"党员"；少数东林党党员转投魏党，成为十足的"两面人"。所谓"五虎、五彪、十狗、十孩儿、二十孩儿、四十猴孙、五百义孙……"说的就是魏党的盛况，东林党事实上已不是一党独大。

作为东林党的主要负责人，赵南星并非很无能。他领导下的东林党，曾成功地击败了齐、浙、楚三党，同时也注意到了魏党的日渐强大。但是，他没有注意到魏党与齐、浙、楚三党有着本质上的差异——人家老魏，那可是皇帝的"代言人"！

赵南星瞧不起新对手，魏忠贤却不想拿东林党作对手。并且，魏忠贤找到了与赵南星"合作"的基础——咱们都是河北（北直隶）"老乡"，为此，魏忠贤还特地跑去会见赵南星。但是，会见气氛很不友好，以赵南星为核心的东林党，坚决要"正义"战胜"邪恶"。这种分裂，也是明季官场的撕裂。

天启四年的六月，也就是在江西党对左光斗、魏大中进攻后不久，以杨涟为代表的东林党，毫不犹豫地找魏党开战了。

八、打骂

杨涟（1571—1625），字文孺，号大洪，应山（今广水）人。在东林党与魏党的决斗中，杨涟的表现至为突出，成为明代著名的谏官。清初著名史学家查继佐称："当时号'杨左'，杨径直而左沉密。"杨涟性格刚烈，对皇帝极为忠心，"移宫案"中他闯进内宫，逼走李选侍，强抢太子，骂得内臣抬不起头来。对天启皇帝顺利上台，杨涟也以功臣而自居。但对朝政出现的诸多问题，杨涟一股脑推到了内臣领袖魏忠贤头上。

天启四年（1624年）六月，杨涟弹劾魏忠贤，奏疏一共罗列了魏忠贤二十四大罪。魏忠贤后来倒台时，崇祯皇帝让官员办案，钱嘉徵一笔划掉了十四条。剩下的十条请崇祯帝过目，崇祯帝又接着划掉了六条。"径直"的杨涟，数落魏忠贤的二十四条，实际上只有四条可以成立。

身为左副都御史的杨涟重拳出击，魏忠贤着实被吓得半死。但是，魏忠贤只是被杨涟凶相所吓倒，事情的可怕程度并不严重——后来痛恨魏忠贤的崇祯帝，认为杨涟的二十四条有二十条不靠谱；当时信赖魏忠贤的天启帝，则认为杨涟的二十四条没有一条靠谱。魏忠贤吃了定心丸，权当杨涟酒喝多了骂人，一口怨气吞进了肚里又吐到了空气中。

杨涟没有骂倒魏忠贤，魏忠贤又不出手，东林党人便一齐开骂。魏忠贤依旧不出手，东林党人火气更大，发动国子监千余师生一起怒骂、围攻。这下魏忠贤惨了，上班都要带保镖，否则就要被人堵着骂。提心吊胆，魏忠贤就这样过了近半年。

没完没了，社会秩序都搞乱了，天启四年（1624年）十一月，天启皇帝忍不住也开骂了。第一个被骂的是赵南星，皇帝骂得够狠：结党营私。接着被骂的，是高攀龙、杨涟、左光斗。东林党的领袖与骨干，被天启皇帝骂了个遍。

东林党的骂是造声势，皇帝的骂比打都厉害。天启皇帝骂完，赵南星、杨涟、左光斗辞职回家。东林党领袖叶向高，没有被皇帝点名骂，但自己觉得很没面子，"公章"交给顾秉谦后跟着走人。韩爌想了想皇帝骂人的措辞，反省两天后也回家去了。不可一世的东林党就这样在皇帝的骂声中偃旗息鼓。

但是，被后人视为"沉密"的左光斗，在去职前又愤怒地上了一道弹劾魏忠贤的奏疏。这篇奏疏叫《二魏交通三十二该斩疏》，其中的"二魏"，指的就是魏忠贤与建极殿大学士、吏部尚书魏广微。

左光斗瞄准的，是内外朝两个重量级人物。左光斗的奏疏，拟于十一月二日上。但这封奏疏根本没递上去，左光斗有个家奴叫福生，京师人，提前将奏疏的内容密报了魏忠贤。在计划上奏的前一天，左光斗接到了去职圣旨。

这封奏疏也没有流传下来，左光斗之子左国材编定的左光斗《奏疏》二卷中，并未收录《二魏交通三十二该斩疏》。据称在锦衣卫逮捕左光斗时，左家人赶紧烧掉了这封奏疏。《三十二该斩疏》应该真实存在，并且是左光斗在自己与魏忠贤之间系的一个死结……

九、刀子

天启四年（1624 年）十一月，两大朋党之间的恶斗，以魏党的胜利与东林党的失败而告终。

什么叫失败？官场斗争中，从台上掉到台下就叫失败。历史上的朋党之争并不鲜见，失败者多被罢官、革职成为"政治极刑"。宋朝的王安石、司马光与苏轼，斗争的结果见于政治上的你沉我浮，而不是肉体上的你死我活，否则大宋的文坛那该是怎样的愁云悲声？明朝官场上的左光斗，因为"党争"而遭酷刑致死，《三十二该斩疏》已显露端倪——"斩"，施加的对象只有肉体。

官场失败的东林党人，其实并不悲伤，甚至有些欢乐。回到家中，他们会客的会客，吹牛的吹牛，写日记的写日记，吟诗填词的吟诗填词。"风云三尺剑，花鸟一床书"，左光斗在老家，也是一会住城里，一会住乡下。桐城的地方大族本来就多，左光斗这应酬或顺便看看山水的事，几乎一天都没得闲歇。明末的朋党争斗，很长时间里确实算不上悲惨，斗败的一方去职往往是暂时的，重新当官的资格继续有效。"清誉"，东林党就这么赢得的。甚至每玩一次，资历自动生成一颗星，人气上升一个等级，下次复出底气更足。

但是，他们全都忘了这一次的对手是谁，左光斗也忘了离京前草拟的那封奏疏——

"径直"的杨涟，罗列了魏忠贤二十四罪；"沉密"的左光斗，罗列了魏忠贤三十二罪。尤其是左光斗的《三十二该斩疏》，倘如期送出，魏忠贤面临的都不是一"杀"字，而是"剁、剁、剁、剁、剁……"你死我活，魏忠贤不能不纠结：哪天东林党人要是又上台了，自己肯定就不是回家喝酒这么简单了。

左光斗的《三十二该斩疏》就这么折磨了魏忠贤将近半年。

魏忠贤也不是什么善类，东林党欲整死魏忠贤，魏忠贤也想把东林党捅了，只是找不着刀子。关键的时候，东林党人汪文言居然递上了一把。

汪文言（？—1625），本名汪守泰，歙县人。汪文言是东林党中的智囊人物，也是东林党中人品欠佳的一位，《东林点将录》称之为"鼓上蚤"。左光斗是"东林六君子"之一，没人好意思加上汪文言，凑成"东林七君子"。

汪文言本是狱吏，脑子好使，胆子也大，因监守自盗被判遣戍，后来又当了衙署中侍茶捧衣之贱役的"门子"。为了生计，也为了体面，汪文言又到东林党官员、刑部郎中于玉立的门下，当了个书吏。于玉立被贬官后隐居家乡，不知京中情况，选中汪文言进京，广结朋友，了解动向，还为他捐了个"监生"的身份，便于其开展特殊工作。

汪文言就这样来到京师，投奔到太监王安门下，并与杨涟、左光斗、魏大中等过从甚密。汪文言用计离间齐、楚、浙三党，从此东林党一党独大。因脑子好使，颇有能耐，汪文言得到东林党魁、内阁首辅叶向高的赏识，官至中书舍人，完成了身份转变，汪文言从此高调游走官场。

从一个有"前科"的平民，一步一花钱，汪文言挤进了东林党的核心层，这钱该花的地方也实在太多。只花钱，不进钱，又清正又廉洁，鬼才相信他家里有那么多钱。

魏忠贤曾经抓过汪文言一次，并非因为魏党与东林党间的"党争"，而是涉及银子。汪文言被抓，问题性质不是太严重，东林党又没有理由袖手旁观，魏忠贤只好将汪文言放了。这一次，又是因为银子，魏忠贤将汪文言逮个正着。

这是一桩惊天大案，汪文言自己坠入万劫不复之渊，也让好友左光斗等大祸临头……

十、银子

早在天启二年（1622年），"广宁失陷案"即惊动朝野。广宁失陷，是天启年间明朝与后金（满清）军事对抗中最严重的事件，明朝因广宁失陷而尽失辽西，与后金对抗的战略优势开始丧失。

广宁失陷同样是一起责任事件，时任辽东经略熊廷弼，与广宁巡抚王化贞不和，二人在军事部署、战守之策上分歧严重，导致广宁失守。广宁巡抚王化贞不习军事，对广宁失陷负有主要责任，故天启二年二月，王化贞被逮捕，熊廷弼罢官听候查考。

王化贞，东林党首叶向高弟子，广宁失陷后又贿赂魏忠贤，从而得到东林党与阉党的双重袒护。熊廷弼，湖广江夏人。熊廷弼人脉交往复杂，为楚党，曾获东林党最直接的对头江西党支持，又与杨涟、左光斗等东林党人关系密切，传言杨涟弹劾魏忠贤的奏疏即出自熊廷弼之手，故又为东林党的死敌魏忠贤所恨。

"广宁失陷案"初期的处理结果，王化贞负主责，熊廷弼负次责，应是客观、公允。但朋党背后复杂的争斗，使"广宁失陷案"的处理迅速走偏，熊廷弼成为不二的"替罪羊"，为王化贞背锅——天启五年八月，熊廷弼以"失陷广宁罪"被杀，并传首九边。王化贞则免于一死，重罪轻判为斩候决，直到崇祯朝重理旧案，崇祯五年（1632年）才被处以死刑。

广宁失陷后，熊廷弼也没有坐以待毙，而是多方交通运作以图减罪。替熊廷弼私下交通打理的人，主要是汪文言。熊廷弼提供给汪文言的贿金，是个天文数字。御史弹劾熊廷弼侵盗军费十七万两，御史刘徽弹劾熊廷弼家财百万。熊廷弼贪污空穴来风，但违法事实被阉党极力夸大，造成事后无法追赃。

汪文言替熊廷弼消灾，难度颇大，因为熊廷弼罪轻即意味着王化贞罪重，这在东林党内部肯定行不通。汪文言铤而走险,竟然让人找魏忠贤帮忙,并许诺重金。魏忠贤这一查,汪文言又一次浮出水面。

天启五年(1625年),魏忠贤将汪文言下镇抚司诏狱,魏党锦衣卫指挥使许显纯对汪文言严刑拷打,熊廷弼贿赂案几乎真相大白。

熊廷弼为自保,行贿的对象也很复杂,事涉魏党、东林党等。熊廷弼不仅行贿,而且贪污,主要事涉其辽东任上,负责辽东边事中的官员以东林党居多,魏忠贤欲借"贪污辽东军饷"一事,彻底消灭东林党的残余力量。在魏党编造的汪文言狱中供述中,"东林六君子"杨涟、左光斗、袁化中、魏大中、周朝瑞、顾大章六人的受贿数目是:顾大章四万两,杨涟、左光斗各两万两,袁化中、周朝瑞各一万两,魏大中三千三百两。但汪文言临死前,曾极力否认杨涟受贿。

以汪文言为契机,"广宁失陷案"衍生出"熊廷弼行贿案",又因"熊廷弼行贿案"延伸出"左光斗受贿案"。传说中的"银子",将会成为怎样的一把利刃?

十一、挖坑

天启五年三月,左光斗因受贿罪被锦衣卫逮捕。左光斗对事态的估计似乎有点乐观,缇骑到桐城缉拿左光斗时,父老乡亲觉得这一次左大人太危险,志愿组成"护卫队",以确保左大人的人身安全。左光斗一挥手,笑着说:都回去吧,没事,没事!

左光斗向缇骑提出的要求是,在桐城境内不要囚枷。面子,形象,左光斗是一个特别珍惜声誉的人。

但是,左光斗的家人哭作一团。其实,哭是对的。左光斗入罪,办案人员是锦衣卫缇骑,锦衣卫是明朝最厉害的一把宰牛刀,杀鸡宰羊的事是犯不着使用的。左家人从锦衣卫缇骑身上,看出了恐怖。

锦衣卫,全称"锦衣亲军都指挥使司",本是皇帝侍卫的军事机构。皇帝的安危至高无上,所以需要锦衣卫这么个特权部门。其特权,大凡人们听说过的它都具有:锦衣卫掌管刑狱,有巡察缉捕之权,下设镇抚司,从事侦察、逮捕、审问活动,可以逮捕任何人,包括皇亲国戚。而最大的特权,是怎么捉人,捉进去之后怎么收拾,不必公开,司法部门也管不着。如果不小心弄出人命,告诉亲属一声过来料理后事,也就结了。

说好的"受贿案",怎么惊动了锦衣卫呢?因为左光斗"受贿案"是挂在"广宁失陷案"上的,涉及社稷安危,不是普通的受贿案,锦衣卫办案"顺理成章",并可以直接判决。

当年,魏忠贤被人称作"魏傻子",知识与智商似乎等于"零"。但那是过去,此时的魏忠贤是一面旗帜,魏党的大旗下有的是高手。杨涟为魏忠贤挖了二十四个坑,左光斗为魏忠贤挖了三十二个坑,坐等魏忠贤往坑里跳,跳完第一个又来第二个,随便落进哪个坑都是一个"斩"。魏忠贤只为他们选了一个坑——锦衣卫诏狱。想出这个坑,那是很难的。

从桐城到京城,缇骑带着左光斗走了三个月。时间有点长,因为沿途左光斗还要会会故旧,包括喝酒。天启五年六月,左光斗被投进锦衣卫诏狱,械、镣、棍、拶、夹棍一齐上,方苞《左忠毅公逸事》里描述的情形就是这么出现的。

遭受种种酷刑,左光斗最终承认收受熊廷弼贿银两万两。

以左光斗的人格、操行以及与熊廷弼的私交,曾参与营救熊廷弼当有可能,但收受熊廷弼贿赂,除了"供述"别无依据。左光斗有"铁骨御史"之誉,不畏一死,为什么在狱中遭受酷刑后即承认"受贿"呢?其实,这是左光斗为魏忠贤挖的又一个"坑"。

作为"广宁失陷案"的延伸,左光斗"受贿案"属于锦衣卫正常的办案范围。依照大明律,左光斗如果仅是"受贿",即应由锦衣卫诏狱转入刑部狱,交由三法司(刑部、都察院、大理寺)依法审理,顾大章后来即移交刑部。案件移交,区别极大:东厂、锦衣卫为魏党势力掌控,办案手段特殊,不受三法司节制，几乎没有约束。左光斗本供职都察院，三法司中亦仍有大量东林党成员，且办案程序明确。左光斗若交由三法司审理，不仅自己可以洗冤，甚至可能导致魏忠贤的非法行为被追究。"沉密"，查继佐评价左光斗的这两个字是相当精准的。

"沉密"这两个字，同样也属于此时的魏忠贤。左光斗承认"受贿"只是一个开头，坐实"受贿案"需要"追赃"，形成完整的证据链。明末的银价有所贬值，以综合购买力测算，两万两银子接近人民币1000万元。左光斗"受贿"数额巨大，本系捏造，左家及亲友多方筹措，仍旧无法足额"退赃"。据《安庆会馆征信录》，为营救左光斗，安庆同乡卖掉了京城的"安庆会馆"，获银二万二千两，帮助左光斗如数"赎赃"。"人赃俱获"，证据链形成，左光斗"受贿案"彻底"坐实"。

魏忠贤会像左光斗预想的那样掉进坑里吗？没有，魏忠贤把那个坑给填了：尚未移交三法司，左光斗即死于诏狱。"生为贪婪之贼臣，死为不忠之逆鬼"，朝廷的圣旨，这样为左光斗的一生画上了句号……

十二、尾声

天启五年七月二十六日，左光斗在诏狱为狱卒所毙。"东林六君子"中，为狱卒所毙的还有杨涟、袁化中、魏大中、周朝瑞四人。

如东林党人所期转入刑部狱的，只有顾大章一人——他在"东林六君子"中是最清醒的一个，在刑部狱中上吊自尽。

天启七年八月，二十三岁的明熹宗朱由校意外早逝，所育三男二女无一长成，诏立五弟信王朱由检为皇帝，即明思宗崇祯皇帝。

天启七年十一月，魏忠贤上吊自杀，魏党终结。前后仅隔两年，魏忠贤与左光斗殊途同归。

诛灭魏党，崇祯帝朱由检并非出于匡扶正义，明鉴忠奸。明代高度集中的皇权，以分授于内臣、外臣来维持国家机器的运转，天启帝偏向了"内相"魏忠贤一边，导致以江南士大夫为主的东林党与魏党之间你死我活。崇祯帝呢？权力内外臣谁都别想，包括"内相"魏忠贤的那一份！

魏忠贤倒台，并不为左光斗昭雪的必然。崇祯元年（1628年）十月，左光斗继妻戴氏伏阙讼冤。左光斗计有三个妻妾，元配妻子周氏早逝，三十二岁时继娶戴氏，三十八岁时纳十三岁的袁氏为妾。戴氏"生来醇谨，不善事事"，左光斗居官袁氏作伴，戴氏居家侍奉公婆。戴氏进京讼冤后左光斗获平反，南明福王时左光斗获追谥"忠毅"。

左光斗的父亲叫左出颖，左光斗死后家人哭作一团，他端坐桌前一言不发；长子左光霁被株连致死，他一言不发；丧子蒙难老夫人悲痛而死，他一言不发。魏党被诛，左光斗昭雪，八十四岁的左老太公闻讯后一声巨号，溘然长逝。

左老太公悲从何来？不得而知。历史，有时只是一个说法，有时只是一个看法……

徐霞客：孤独的旅行家

《明史》并未为他立传，他却是明朝最著名的人物。不读书做官，也不养家挣钱，一生只为游山玩水，最终跑遍大明的两京一十三省——徐霞客，他走过的是一个怎样的旅途？

一、中国旅游日

5月19日，"中国旅游日"。

中国每年数以亿计的游客，聚焦的多是"长假""小长假"，留意这个纪念日的并不太多。作为当代"朝阳产业"的旅游，选择一个"代言"也是必需的。在浩如烟海的历史人物中，没有比徐霞客更资深的旅客，也没有比《徐霞客游记》更著名的经典。"5·19"，出处即是《徐霞客游记》。

《徐霞客游记》开篇《游天台山日记》："癸丑之三月晦，自宁海出西门，云散日朗，人意山光，俱有喜态。三十里，至梁隍山。闻此地於菟夹道，月伤数十人，遂止宿。"

通篇只有46个字，在经典的《徐霞客游记》中其实谈不上经典。时光流水中，它能显出的倒是几分文字的晦涩："癸丑"，指明万历四十一年；"晦"，即每月最后一天；"癸丑之三月晦"，亦即公元1613年的5月19日（万历四十一年三月三十日）。这一天，徐霞客到宁海游玩，走了三十里地，听说有老虎出没，人命关天，徐霞客选择了住进旅馆。

兴冲冲出门，该看的景点没看着就掉头，对游客来说是件挺晦气的事。《徐霞客游记》的开篇，即是这般旅游气氛。

更为严谨的问题是，这篇日记是不是徐霞客游记的开篇呢？肯定，或否定，都没有更详实的证据。

徐弘祖（1587—1641），字振之，号霞客，南直隶江阴（今江阴市）人。

徐霞客的故乡在今江苏江阴，《徐霞客游记》中其"首游"地点是今浙江宁海，明代两地路途足有千里之遥，人生第一次旅行即远袭千里？不合情理，当然也不是实情，综合徐霞客的相关史料，至少六年之前他游过太湖，四年之前还游过泰山、北京。宁海只是一个普通县城，北京则是大明的首都，《游天台山记》怎么可能是《徐霞客游记》的开篇呢？

徐霞客的习惯，是白天旅游，晚上写日记，终身不改。《徐霞客游记》中收有 60 余万字，堪称鸿篇巨制。旅行家、地理学家、文学家等，这些具有现代色彩的标签徐霞客当之无愧。但是，《徐霞客游记》并不是徐霞客旅游日记的全部，相关研究资料显示，其《游记》本有二百六十余万言，徐霞客有着更多的鲜为人知之处。

徐霞客生活于明季乱世，逝后仅三年即明清易代。在这样一个天崩地坼的时代，一切意外皆可能发生：清顺治二年（1546 年），清兵南下之际，社会秩序完全失控，一个长期被奴役的阶层乘势而起，江南地区"奴变"此起彼伏。江阴四乡大族的奴仆早有联络，农历七月十五是民间的"鬼节"中元节，这天夜里，徐家奴仆联合造反，抢劫财物，焚烧徐宅。徐家二十余人由此丧身，毕徐霞客一生心血的《游记》也遭火劫。尽存，或尽毁，都在情理之中，今天的"中国旅游日"显得格外偶然。

留存于世的《徐霞客游记》，最早整理刊刻于徐弘祖逝世四十三年后，一百三十五年后得以有新的增补。"中国旅游日"的确立，首先得感谢这样一个怪人。

二、一个并不姓徐的怪人

最早整理刊刻《徐霞客游记》的人，叫李寄。

李寄（1628—1700），字介立，江阴人。

以一己之力而使《徐霞客游记》流传于世，基本上就是一个奇迹。现代人司空见惯的册页书诞生于明代，但制作成本十分高昂，买不起书的人多，刻不起书的人更多。"遗子黄金满籯，不如教子一经"，古人这么看重读书？不是的，全因书籍本身太贵，一页书纸等于一张钞票，密密麻麻的文字等于直接印在纸币上，不能不珍惜。所幸，《徐霞客游记》刊刻了，也让徐霞客名垂千古。

李寄，偏偏不是一个有钱人。

没有钱，但李寄很怪，而且执著。李寄自幼聪颖，学业优异。早年的李寄，走的是读书谋取功名之路，童子试的开局挺顺利。童子试包括县试、府试和院试三个阶段，通过了就是秀才，意味着摆脱平民身份。李寄通过了前两场，并且府试成绩名列第一，通过最后一场院试的可能性很大。但是，李寄不干了，当起了一名乡村教师。

不追求功名，总该成家立业。但是，李寄终身未娶。他这一辈子，除了课徒奉母，就是搜集、整理《徐霞客游记》。

徐霞客逝后，文稿散失非常厉害。李寄为此痛心疾首，好在还有抄本可寻。李寄设法四处搜集，康熙二十三年（1684年），他从宜兴史夏隆处得到一个抄本。

这时的徐霞客，算是地方"名人"，但远非现代意义上的"名家"。收集、传抄徐霞客《游记》的，亦非都是当时的名家、藏家，大多是些有特殊嗜好的文人，对徐霞客记录的奇闻异事颇感兴趣。传抄了，读够了，好奇心满足了，该扔的也就扔了。最幸运的是，纸是这个时代的"奢侈品"，拿纸当一次性消费品的人并不多，传抄的徐霞客《游记》文稿，被人继续写，继续画。惜纸的理念，在最大限度地延长徐霞客《游记》的生命。

李寄搜集到的徐霞客《游记》稿，多是这种被人随意涂改，已经面目全非的抄本。同样值得庆幸的是，古人没有橡皮擦字的习惯，只是旧墨上面涂抹新墨，一直写到无从下笔。李寄拿着的就是这样的文稿，对着太阳或灯光照映，一页一页辨识原文，然后一一订正。

即便这样面目全非的抄本，散失仍然十分厉害。李寄有些着魔，只要听说哪儿有，就不惜一切代价前去寻觅。徐霞客《游太华山记》《游颜洞记》《盘江考》等，就是为李寄意外搜集。李寄整理的《徐霞客游记》，成为后来流传的诸版本之祖。

毕一生心血于故纸，李寄究竟为了什么？

三、梦一样的人生

李寄，其实就是徐霞客的儿子，并且是诸子中最不幸的一个。

徐霞客一生计有四个妻妾，每个妻妾各生一个，李寄是徐霞客四子中最小的儿子。李寄还没出生，徐家就将他母亲连同母腹中的他一同卖了。

李寄的生母周氏，本是徐霞客原配妻子许氏的陪嫁丫头。许氏嫁入徐家后久未生育，徐母便为徐霞客娶了小妾金氏。徐家这时挺兴旺，金氏生下一女儿，许氏接着生下一儿子。可惜的是，许氏的命运很悲剧，儿子三岁时许氏病逝。

中国传统的婚姻制度，是"一夫一妻制"。当然，这不包括妾，妾的多少取决于财力，没有律法上的明确规定。妾也谈不上什么地位，与正妻相比，妻妾关系几乎就是主仆关系。许氏逝后的第二年，徐母为徐霞客娶了继妻罗氏，李寄的生母周氏依旧是徐家的丫环女仆。

徐霞客的两任妻子，皆出自地方名门，且各有千秋：许氏贤慧，罗氏能干。徐霞客一生除了云游，只管花钱不问挣钱，当家理财的事主要靠罗氏。女汉子色彩的罗氏，尽管治家有方，却不得丈夫喜欢。夫妻俩"三观"不一样，罗氏进门后，徐霞客便喜欢上了许氏的陪嫁婢女周氏，私纳为小妾。

罗氏在徐家无法获得心理平衡，地位高，贡献也大，偏偏不得徐霞客喜欢，这思来想去，周氏就成了出气筒。徐霞客喜欢周氏，更喜欢的是游玩。周氏怀孕后，徐霞客出了趟远门。几个月后回家一看，周氏没了。

徐霞客与周氏的亲密，带给罗氏的是满满的醋意。现实生活中的事，罗氏想得很多：周氏是徐霞客原配的陪嫁丫头，现在又怀孕了，如果生下儿子，对自己日后的地位无疑又是潜在的威胁。趁徐霞客不在家，罗氏将周氏卖给了邻乡李姓人家为妻。

主子卖奴仆，是件正常不过的事情。罗氏是个有心眼的女子，卖周氏之前，也做通了婆婆的思想工作。徐霞客对母亲十分孝敬，周氏已经嫁人，再说什么也于事无补，只是对罗氏多了些怨气，居家的日子越发少了。

第二年，周氏在李家产下一子，徐霞客为此子起名"李寄"，意为寄养在李家。李寄成年后，又为自己取字"介立"，或因介于明清两朝，或是介于徐李两姓，而不忘血脉似乎更可信些。

李寄降生不久，养父即病逝，周氏甘守清贫，悉心教养儿子。李寄早年曾想认祖归宗，但罗氏从中作梗，周氏也不乐意，两个女人就这么相互怨恨终身。徐霞客的子女则与李寄时常交往，外孙周仪甫更是经常去看望这位舅舅。

李寄也是一位江阴名士，徐霞客曾想让李寄归宗，江阴名士沙张白出面相劝。李寄很有个性，加上母亲与罗氏形同水火，他执意不肯恢复本姓，坚持随养父姓李。

李寄憎恨的只是罗氏，对父亲徐霞客深有感情。父亲去世后，李寄收到了父亲的部分手稿。此时李寄尚幼，这份珍贵的手稿，在李寄母子这里被悉心保存。

徐霞客的四个儿子中，李寄才学最高，也大有出息，文名彰显，著述颇丰，

"乡之人感称其有父风"。母亲周氏去世后,李寄埋头著书,积有二百余卷。"三不朽"是古代人生的三个最高标准,李寄致力于"立言",著作却并未刊刻。他把毕生心血倾注在父亲的《徐霞客游记》上,成就了这部中华经典。

晚年的李寄极度穷困,却又拒绝援助,直到七十二岁孤苦离世,全部的光辉闪耀在父亲身上。

李寄的一生,如同一梦。

四、家族的噩梦与不甘

一生如梦,李寄的梦无疑是噩梦。而这个噩梦,在徐家至少已经存续了百年。

每一个人,每一个家族,都会有梦想。千百年里这种中国式梦想,往往体现为谋取功名,出人头地。简洁,也实在,江阴徐氏家族也不例外。

两宋时期的徐霞客先祖多为官宦,这个家族的一世祖乃北宋末年开封府尹徐锢。金兵南侵之际,徐锢随宋王室南迁杭州,历五世于元初再迁江阴梧塍里,是为"梧塍徐氏"。梧塍徐氏子孙俱不仕元,直到明王朝的建立。

明初,江阴梧塍徐氏九世祖徐麒,以白衣应招出使西蜀招抚羌人,功成后以一品朝服荣归故里。徐麒在家乡大规模垦荒开田,不数年成为拥有良田数万亩的地方巨富。徐麒之子徐景南、徐景州,"务农重谷,读书好礼,敦行孝悌,资累巨万",在灾荒和边患之际,兄弟出谷八千斛赈灾,并"进鞍马助边",被朝廷旌为"义民"。徐景南因此进京上表谢恩,趁机为儿子徐颐谋取一官半职,徐颐由此步入仕途,成为一名中书舍人。

中书舍人只是个从七品的高等文书,徐颐却干得很不自在。明代是一个科举兴盛的时代,不经"秀才—举人—进士"这样的科班出身,既无多大的前途,在官场也被人看低。徐颐的这顶小官帽，实际上是靠父辈捐款得来的，与直接掏钱买官没有太大的区别。遭人瞧不起，徐颐干得没有意思，加上身体欠佳，便辞官归里了。

有了官场上的切身感受，徐颐决心让子孙走科举正途。徐颐长子徐元献，十岁能诗，天资颖异，徐颐将所有的希望押在这个儿子身上。华亭状元钱福罢官居家，徐颐开出"年薪"五百金的天价，请其教儿子读书。被徐家聘为塾师的，还有原翰林检讨张亨父等。只要儿子能金榜题名，光耀门庭，徐颐不在乎这些银子。

徐元献即是徐霞客太祖，明成化十六年（1480年）参加乡试，一举夺得"经魁"（第三名）。徐家数代人的期冀，似乎指日可待。但是，成化十七年，徐元献赴京会试，居然落第而归。希望越大，失望越深，二十九岁的徐元献竟然一病不起。万念俱灰的徐颐，也在儿子逝后数月故去。

徐家第一场科场大角逐，就这样以两条人命为代价凄凉而终。

徐霞客的高祖徐经，亦即徐元献之子。徐经"少孤力学，淡于世昧，酷嗜学问，虽大厦千间，金珠委地，未尝一着意焉"。徐经接棒父祖之志，继续冲刺金榜题名。徐经像父亲一样，顺利通过了乡试这一关。明朝弘治十二年（1499年），徐经与唐寅同船赴京会试。

这一年的会试，考题既怪又难，考得大家垂头丧气，只有唐寅、徐经兴高采烈，声称考题不难。其实，唐寅考中了，徐经并没有考中。都说试题难，这二位说不难，那肯定是事先买了试题！徐经家太有钱，于是"江阴富人徐经贿金预得试题"的传言满城风语，迫使朝廷严肃查处。"鬻卷案"查无实据，为了平息舆论，唐寅与徐经被削除仕籍。

为光宗耀祖而谋取功名，结果连当官的资格都被取消了，成为个人与家族的奇耻大辱。明正德元年（1506年）新皇帝登基，朝廷通常会大赦天下，坐不住的徐经北上京师，探听朝廷有无赦令，让自己有个东山再起的机会。不幸的是徐经一去不返，病逝京城，重演父亲的悲剧。

光耀门庭、一雪耻辱的重担，落到了徐经次子徐洽的肩上，徐洽为徐霞客曾祖。徐家以强大的经济实力，将徐洽送进了国子监。但徐洽参加了七次会试，始终榜上无名。徐家又花钱为徐洽捐了入鸿胪序班，五十七岁时徐洽自感科举无望，郁郁寡欢辞官归里，一心培养长子徐衍芳。

徐衍芳即徐霞客的祖父，手持家族的接力棒，徐衍芳将毕生的精力都花在了科考上。但是，徐洽七次会试落榜，徐衍芳则六次会试落第。接近父亲的科考记录，让徐衍芳陷入了无比的苦闷，开始终日以酒浇愁，四十来岁匆匆辞世。徐洽因丧子而精神崩溃，绝望之中随之离世。

近百年的科场角逐，从对金榜题名的羡慕，到欲雪科场败北之耻，徐家再次上演父子同年而逝的家族悲剧。

还要继续考下去吗？欲求不得，欲罢不能。早在徐衍芳科场拼搏之际，其子徐有勉即已寒窗苦读，步其后尘。

徐有勉，即徐霞客之父。父、祖去世后，徐有勉悲痛之后冷静了许多。又到了新一轮科考时间，有人告知徐有勉，应该整装出发了。徐有勉闻听后，扔掉手中的笔，淡淡地说：不干了。

徐有勉的妻子王氏，在一旁对丈夫补了一句：对，再也不干了！

科考，自己不干，让不让儿子去干呢？

五、决裂大明

徐有勉的儿子徐霞客，其实是个天生的读书材料。陈函辉《霞客徐先生墓志铭》载：徐霞客"童时出就师塾，矢口即成诵，搦管即成章"。

抛开家族的科举阴影，徐有勉开始做自己喜欢的事情。至于儿子们，读书归读书，科考归科考。

徐霞客的家族是江阴名副其实的名门望族，曾有田产四万余亩。家族繁衍，分家析产，徐霞客的曾祖徐洽仍得田产一万二千六百亩。到徐霞客的父亲徐有勉时，徐家有些大不如前，但这完全是相对的。决计告别科考的徐有勉，一心振兴家业，而妻子王氏，又是徐有勉的得力帮手。

王氏同样出自江阴城大户，不仅是位大家闺秀，更是一位奇特女子。徐家的主业是田稼，王家的产业则是纺织。王氏嫁入徐家后，与丈夫开辟了新的挣钱门径：织布。徐家的织布作坊，有织机20余架，这在当时已是相当规模的纺织企业。徐家的纺织没有品牌，却相当驰名，陈继儒《王孺人传》载：徐家"织布精好，轻弱如蝉翼，市者辄能辨识之"。顾客一看就知道是徐家的产品，华亭、松江（今上海）的市场被徐家占领，家业在徐有勉夫妇手上再度中兴。

徐有勉夫妇更重要的收获，是老来得子。王氏四十一岁时生下了徐霞客，这时徐有勉的长子已经二十一岁了。当时女子的生育年龄多在二十来岁，徐霞客的出生，算是一个奇事。徐有勉夫妇对这个"老来子"，不能不格外偏爱。

王氏是一位当家理财的好手，一手打理家庭纺织，业余时间还喜欢种豆。王氏种了一大片扁豆，藤蔓形成天然的凉棚，"豆实垂垂，机声轧轧"，王氏让织工在豆棚下织布，工作环境优美，劳动效率高，王氏还是企业文化的有心人。放弃了功名之念，徐有勉一心经营田产与纺织。有钱又有闲，徐有勉的兴趣是侍弄园艺，然后就是四处游玩。

徐有勉时有远行，有时乘船，有时骑马。有一次，徐有勉骑马外出游玩，不小心坠落马下，掉进了河里。所幸没出大事，只是受了重伤，摔折了一条腿，从此跛足而行。这位有钱的徐跛子，时常带着儿子徐霞客游山玩水。

这时的徐霞客，正是上学读书的时候，并且对读书很有兴致。徐有勉对徐霞客的学业并不太上心，这要是有了好去处，说声走就走，还带上儿子一起走。

先生教的书，当然还是正统的那一套。读四书五经，以谋求功名为目标，围绕科考的指挥棒，这也是主流的价值观。徐霞客很有读书的天赋，但却喜欢读一些"闲书"。有一次他在私塾里偷看一本探险游记，不经意间眉飞色舞，塾师一看原来如此，赶紧向徐霞客的父亲告状，要他管管孩子，这样下去会耽误孩子的前程。徐有勉却说：这是孩子的爱好，追求什么功名啊！

喜欢看的书，先生不教，徐霞客只好自己买，自己读。徐霞客特别爱书，有时外出发现新书，手头一时缺钱，徐霞客二话不说，脱掉身上的衣服卖了，弄得家里到处都是书。

读了近十年书，万历二十九年（1601年），十五岁的徐霞客参加了一回童子试，自然没有考取。没有人有他读的书多，也没有人知道他读书干什么。

明季的社会，已经有点乱，万历三十二年（1604年），徐有勉又遭遇盗匪绑架，徐家上下乱作一团，只有王氏格外冷静。徐家与人并无冤仇，灾祸肯定是冲着钱财来的。王氏决定不报官，找通黑道的中间人与绑匪交涉，甩出一笔钱，赎回了丈夫。遗憾的是，徐有勉没有妻子老道，与绑匪争执时被打成重伤。一年之后，徐有勉不治身亡。

这一年，徐霞客十八岁。

十八岁，意味着成年，徐霞客与兄长分家。与父亲相比，徐霞客学会父亲的游玩，也喜好上了游玩，但父亲理财的本领，徐霞客一样不会，也毫无兴趣。尽管罗氏是把当家的好手，但母亲太了解儿子了，仍旧不放心。母亲王氏与徐霞客生活在一起，帮助徐霞客当家理财。

成年的徐霞客依旧悉心读书，但读书又不去参加科考。除了读书，徐霞客依然不经营家业，没事就四处游荡，到处交友，成为乡邻眼里的"白相"——不务正业之徒。有一天，徐霞客竟然对母亲说：我要出趟远门玩玩。

王氏一听，兴奋地说：好啊！什么时候带我出去看看？

后来，年迈的王氏还真的与儿子一道，出了几趟远门，共同游山玩水。天启四年（1624年），年届八十的老母，跟随徐霞客游玩了常州荆溪、句曲（茅山）。

以现有的《徐霞客游记》梳理，徐霞客的旅行始于二十一岁，终于五十四岁去世前的一年，有明确出游记录的年份计达二十年。徐霞客的一生，超过三分之一的生命是在旅游的路上。实际时间，应该远不止这些。

饱学而不求功名，父亲赞同，母亲支持，这时的徐家，已经与大明传统的价值观彻底决裂了。

六、旅游纪念品

说走就走的旅行，徐霞客并没有跑得太远。而每到一个地方，徐霞客的习惯是把一天的见闻记录下来，少则几个字，多则数千字，这就不简单了。笔、墨、纸、砚这"文房四宝"一样不能少，外出旅行可不是在家里，旅行跑得很累，回来连个凳子都不一定有，还坚持把日记写下来，相当不容易。

写日记的动因在哪里？文章传世，应该替圣人立言。但徐霞客连功名都不在乎，更不会指望这类不入流的日记留名千古。徐霞客有个朋友叫陈继儒，跟徐霞客一样绝意仕进，也是每天写文章，但写的是修身处世格言，当下与身后，都会有庞大的读者群。

明知不可为，而刻意为之，原因同样很简单：老母亲健在，徐霞客要把自己的见闻与老母亲分享。

徐霞客是至孝之人，父亲去世了，夫妻关系很平淡，母亲是他最亲的人，他要让母亲跟着自己的足迹，将自己目睹的天下神奇载诸日记，使母亲足不出户卧游天下。

日记，是徐霞客归来送给母亲的第一份礼物。然后，就是"旅游纪念品"。这些珍稀的外地物产，有些得来就足够传奇，徐霞客同样会把它们记录下来，让母亲品尝意外的喜悦。

天启三年（1623年）三月，徐霞客去了趟太和山，即今武当山。太和山对徐霞客有什么特殊的吸引力？明代的太和山，被尊为"皇室家庙"。永乐三年（1405年），道士李素希发现山上的榔梅树竟然开花结果，太罕见了，极度兴奋的李道士，便以"祥瑞"之名进献给了明成祖朱棣。明成祖这皇位是从侄子手里夺的，名份的问题他一直在纠结。天降祥瑞，"君权神授"的事就坐实了，李道士的榔梅果及时扔到了明成祖的兴奋点上，朝廷很快派员捧敕御香太和山，以答神贶。李素希获封"榔梅真人"，榔梅果被专旨保护，成为国禁圣物。

榔梅"相传玄帝插梅寄榔成此异种"，也就是说这种植物是玄帝亲手嫁接培育出来的。玄帝即太和山供奉的真武大帝，民间传说他是盘古之子，炎黄二帝的父亲，榔梅果有着"治疾延寿"的特殊功效。榔梅果成为国禁圣物，平民就不可能再吃了，偷吃榔梅果可能就不再有吃饭的机会。

徐霞客是位饱学之士，榔梅果的传奇早已了然于胸，对朝廷的禁令也并不陌生。但越是神奇，徐霞客就越好奇。徐霞客这次上山，不仅是要一睹榔梅果的风采，而且是要弄到榔梅果。皇家能享用，平民怎么就不能品尝？母亲的寿辰马上要到了，国禁圣物给母亲祝寿，徐霞客觉得这很有意义。

真的上了太和山，徐霞客不免大失所望。榔梅果的神奇有无数传说，榔梅果的保护绝对不是传说。太和山上"榔梅数株，大皆合抱"，果树长得这么粗大，是皇家禁令在起作用，它们的枝干只可能老朽脱落，榔梅树上动刀是要挨刀的。至于榔梅果，远远看看倒可以，偷摘那是不可能的。

太和山上转了三天，三月十四日徐霞客找到看守的道士。徐霞客人长得器宇轩昂，一开口更是谈吐不凡，道士一下被他给镇住了。当徐霞客提出要几颗榔梅果时，道士吓得连话都不敢说了。被逼无奈，道士几乎央求徐霞客：这是禁物，我哪敢给您啊！从前有人带走了几颗，被株连的道士有好几个，他们全都被弄得倾家荡产！

徐霞客很善于分析判断：这个道士是个实诚人，透露私拿榔梅果的后果很严重，说明拿到榔梅果的可能性是有的。于是，徐霞客对这个道士穷追紧逼。

没有办法脱身，道士拿了几个榔梅果交给了徐霞客。但是，这几个榔梅果全都腐烂变质了。就是这样几个废品，道士还反复交待徐霞客：千万不要让人知道，否则我就死定了。

一个普通道士，想必权力有限，直接去找观主。观主有权，也阅人无数，得知徐霞客的来意后，两个字就将徐霞客给封煞了：没有。

"没有"，自然就不存在给不给榔梅果的问题了。观主老于世故，徐霞客的能力更不容低估：他除了知识渊博，交际能力也极强，无论村妇、仆役，还是官宦、僧道，徐霞客都能和他们一见如故，引为朋友，为对方所折服。观主见过世面，感到像徐霞客这样的异人着实不多。

没有要到榔梅果，徐霞客大失所望地离开了道观。这种失落的心情，在《徐霞客游记》中并不多见。

走至半道，一个道童追了过来，说观主有要事请他回去。没有料到，观主竟然送了两枚榔梅果。观主拉着徐霞客的手说："您的心情太令人感动，正好有了两颗榔梅果，想来想去还是送给您吧！但是，您一定要保密，千万不要让别人知道，否则我就大祸临头了。"

徐霞客第一次见到了榔梅果：这种金橘似的榔梅果，有金子般的外表，白玉般的质地，皇家独享的贡品，果然都是极品。

可惜，只有两小颗，太少了，而道主显然冒着极大的风险，也尽到了最大的努力。怎么再弄几颗呢？徐霞客想到了太和宫，这是明廷最尊崇的地方。

太和宫可不是普通的道观，吓唬人的事不能做，忽悠人的话可能也不好使。徐霞客琢磨，得有一个奇特的办法。

明代的太和宫被尊奉为"皇室家庙"，"四大名山皆拱揖，五方仙岳共朝宗"，管理机构为正五品，比知县还高三级，太和山最神圣的地方就数这里。太和宫的正殿是金殿，因铜铸鎏金得名，位于天柱峰巅，这儿徐霞客铁定要见识一下。

还没进金殿，徐霞客就傻眼了：得交钱！当了这么些年游客，遇到收"门票"的景点，还是第一遭。这不是抢钱吗？"需索香金，不啻御夺"，徐霞客在日记中几乎是开骂的。

掏完香金，徐霞客倒有点醍醐灌顶：圣山之尊，金殿之贵，感情也和大明世俗社会一样糜烂！这榔梅果的事，看来有门了。

太和宫里慢慢转，徐霞客给人塞了一笔黑钱，通过贿赂，一下子即获得了六枚榔梅果。

钱能通神，徐霞客第二天又去了太和宫，打算再贿取几枚榔梅果。但是，那人不敢再收这笔钱了。皇家禁令在那里，收黑钱收到掉脑袋的份上，那钱还有什么用呢？

耗时近两个月，徐霞客如愿得到了八枚榔梅果。徐霞客对旅途格外熟悉，母亲寿辰前如期赶回了家中。

乡下老太太享受到了皇家贡品，这是何等开心的事情。"以太和榔梅为老母寿"，徐霞客在《游太和山日记》的最后，郑重地写下了这几个字。

严重违法的事还白纸黑字地记下来？徐霞客缺少的就是这种认同，不过他是在写私密日记，最初的读者只有一个老母。靠一本日记名扬后世，这还不是徐霞客的初衷。

旅行，写日记，一辈子乐此不疲，徐霞客还有什么考虑？

七、天生的旅行家

一辈子四海云游，写成日记记下来，徐霞客靠的就是两个字——"喜欢"。除此之外，没有更多解释，即使有也纯属多余。兴趣、爱好，是人类拥有的"自主性功能"，心理学视之为动机的最深水平，能持续驱策一个人去行动。

因为喜欢而满足自己的兴趣、爱好，并非每个人都能做到。大明有着上亿人，造物主的选择是非徐霞客莫属——旅游的爱好，像基因一样贯穿着徐家。徐霞客的父亲徐有勉，喜欢旅行，可惜身体不支，一条腿残疾，遭遇早逝。徐霞客的儿子李寄，同样喜欢旅行，可惜财力不支，还要靠教书挣钱养活老母与自己。徐霞客身体好，也有钱，父亲与儿子的不足，他都没有。整个大明，即便有着无数徐霞客式爱好的人，看看自己的身子骨与钱包，长龙似的队伍不散也得散尽。

早年，徐霞客为三个徐姓儿子取名"屺""帆""岣"。三个儿子以山水命名，自己"以身许山水"，这就是徐霞客对山水的喜爱，以及达到前所未有高度的信心。简单，没有更多，也没有更复杂的后人附会。

看遍大明江山，徐霞客几乎就是唯一。徐霞客是个天赋异禀的人，身高1.8米，是个天生的运动健将。二十七岁时，徐霞客去游天台山，人迹罕至的地方根本没有路，徐霞客猿猴一样借助树枝攀援跳跃，或像空中飞人。绝壁深涧挡住了去路，徐霞客便在绝壁上凿孔，靠一只脚尖立足壁孔攀崖而行，职业的攀岩运动员无非也就这种水平。

尽管身手利索，徐霞客还是差点丢掉性命。游雁荡山时，徐霞客要通过百丈深的悬崖，便拿仆人的裹腿布当攀岩绳，中途布被石头磨断，徐霞客硬是停在了悬崖上，没有摔下去。

徐霞客年轻时体魄过人，年老时运动能力仍旧非凡。五十三岁时徐霞客远游广西，看到层层叠叠的崖壁之上有一个山洞，根本没有攀登的路径，徐霞客以两手两足试探出牢靠的石头，先悬空移一手，再悬空移一足，一手足牢靠，再悬空移一手足，硬是凭借指力与脚尖，胸部贴着石壁攀爬了上去。在游剑川州的金华山时，崖上竹树深密无法通行，徐霞客爬至竹梢或枝头，压弯枝头搭上另一枝，再次上演猿猴欢嬉丛林的特技与惊险。

徐霞客身材高大，身体的柔韧性又异于常人。他游武夷山时，顺着山岩爬到了尽头，这里上下皆是绝壁，转角处的岩壁有一线缝隙，钻过去就能到达山岩的另一侧。但是，这个缝隙仅有七寸的空间，外壁则是万丈深渊。要么钻过去，要么掉下深渊。徐霞客"胸背相摩"，居然安全地钻过去了。

世界上不乏勇于冒险的人，也不乏意志坚定的人，"以性灵游"者众，"以躯命游"者有，但成功做到却是不以人的意志为转移的。做到了能怎样呢？那就是"犹若更生"。徐霞客这一辈子，不是在不断地翻看陌生的风景，也不是重复一桩机械的运动，他是不断地自我重生，沉浸在自我重生的愉悦中。

可以欣赏，不可复制，所谓高山仰止——徐霞客，"亘古以来，一人而已"！

八、驴友

旅行家只有一个，驴友从来都是一群。

徐霞客游历一生，每次都是数人结伴而行。大明算是当时世界上的发达国家，旅游产业还谈不上起步，除了交通其他配套设施几乎是零。这旅行的景象跟现在差不多正好相反：现在返程是大包、小包一大堆，那时出门得这样，如果有钱不在乎，返程时可以两手清风。

出行的准备不能不充分：日常生活用品得带，衣服、被子得带，干粮、大米得带，连碗筷、铁锅也得带。万一进入荒无人烟的地方，上不着村下不着店，草坪上可以躺一宿，不能自己埋锅造饭，岂不活活饿死？

纪念品也得带。没错，出门自己得带一堆纪念品。旅行要看的就是奇山异水，但这是旅行家的观点。在土著人眼里，"奇山异水"就是"穷山恶水"，瀑布中不能养鱼，奇石上也不能种庄稼，徐霞客眼中的顶级景区，大多都是大明的贫困地区。江阴工商业很发达，扇子、雨伞这类手工艺品，价格很便宜，人家也稀罕。旅途中相互酬谢，或与人交换，做起来效果最好，全都得带足了。

空箱子都得带几只，"竹撞"、"皮箱"、"皮挂箱"、"大笥"等等。徐霞客需要一路看，一路写，一路带：地方的书籍、资料要收集，拓片、抄本要收集，奇异标本要收集，石头都要带一堆。孤独的旅行者，徐霞客没法当。

随徐霞客出行的仆役，通常得一两个。最多时，役夫得有十来个。当然，这都不是严格意义上的驴友。

徐芳若是徐霞客的叔父，旅游的爱好程度不比徐霞客低。泰昌元年（1620年），徐芳若跟着徐霞客游了一趟福建。这一气就是两省、十一府、十九县。

来到九鲤湖，徐霞客哪高往哪爬。景色倒是越来越奇，徐芳若好奇地跟着爬。徐霞客越来越兴奋，徐芳若的汗珠不断地下来了，央求徐霞客：侄子呀，你能不能挑个低点的地方走，我这心脏都快爆了，总不能把一条命扔在这绝顶上吧？

徐芳若有点恐高，那就拣低的地方看吧。徐霞客带徐芳若去看山涧，云蒸霞蔚，其乐无穷，徐芳若心脏受得了，腿又受不了。这就没得选了，徐霞客说：那你就在这呆着，等我回来。

徐霞客沿着山涧往里钻，一直钻到山涧的尽头。泉水叮咚，幽幽鸟鸣，徐霞客在这享受，徐芳若在那边看草。陪徐霞客看景，比陪女人逛街都累。

徐霞客的族兄徐仲昭，陪徐霞客游过天台山、雁荡山。徐霞客的玩法徐仲昭领教得太多，这哥们比徐芳若脑子好使，实在陪不下去的时候他给徐霞客出主意：你喜欢猎奇，我喜欢看寺庙，咱俩各取所需，你看好了咱们在寺庙会合。

这账算得精，徐霞客也觉得挺合意。

合格的驴友好像也是有的，徐霞客在嵩山便遇上了一位。不过，这是一位地方"导游"——山中生活了几十年的老樵夫。他领着徐霞客飞身过涧，身轻如燕地跳跃层崖，攀援树林同样如猿猴，徐霞客跟着大呼过瘾。景色看得差不多了，老导游给徐霞客提了条建议：前面的美景远观一下就得了。徐霞客顺着导游手指的方向看去，什么东西都没有看着。

陪徐霞客旅行时间最长的人是顾行，他是徐霞客雇佣的仆人。陪同徐霞客从江阴万里远征到云南的，就是这位顾行。顾行有时同徐霞客一道游览，有时在客栈、路口等候徐霞客。风餐露宿不觉苦，与歹徒玩命不退缩，但在云南，顾行实在陪不下去了。

离家三年，徐霞客越来越兴奋，顾行越来越郁闷：徐霞客没有回家的意思呀！顾行咬牙忍耐，因为这一次回去，会得到丰厚的酬金。但是，归期遥遥，顾行选择了不辞而别。

顾行带走了徐霞客的衣物。他知道什么对徐霞客重要，也知道什么对自己重要。徐霞客发现了，惊讶，慌张。幸好，仅有一只装衣物的箱子空空荡荡。

背主，也算不上最坏的人。徐霞客返回家乡后，没有追究顾行的行为。这旅途，谁都受不了……

九、神助

旅游的目的显然不是为了忍受痛苦，没有快乐的体验是一件完全不可想象的事情。崇祯九年至崇祯十三年（1636年—1640年），徐霞客一生中最后的旅行长达四年。

由浙江经江西、湖南、广西、贵州，崇祯十一年（1638年）十月，徐霞客计划由太平府进入云南。徐霞客对路途非常熟悉，但这只是一个大的方向。太平府至云南的路有两条，不知哪一条更便捷一点，一时不好决断。太平府郊外有个班氏神庙，当地人都认为那里的神灵极为灵验，徐霞客决定请示神灵。

十月六日，徐霞客进庙求了一签。求完签的徐霞客，发现还有比神灵更灵验的：寺庙中几位当地的儒生正在祭神，徐霞客上前一招呼，效果大大出乎意料。经济落后地区文化同样不发达，儒生们从来没见过徐霞客这么有才华的人，觉得他简直就是一尊神。

对徐霞客佩服得五体投地的是滕肯堂父子，他们立即邀请徐霞客到家中做客。这位老儒生实在热情，杀鸡、备酒且不说，还亲自到鱼塘捕鱼招待徐霞客一行。

徐霞客与滕老爷喝起酒来，两人谈得更为投契。滕肯堂说：你如果要从归顺走，最好的办法就是弄一张"马符"。马符是官方驿递机构的信物，驿递除了传递军事情报也供官员出行之用，这就成了官方的"招待所"。有了"马符"，就可以免费在驿递吃住，使用驿递的马匹、人力等，连交通费都不用自己掏。"马符"

这东西好是好，但又不是官员公务在身，弄一张当然很困难。

徐霞客认为是难事，滕肯堂认为有办法。滕肯堂跟千户所的人很熟悉，对徐霞客说，你是一个大名鼎鼎的人，给他们写封申请信还不行么？

滕肯堂让儿子陪徐霞客去递申请信，这次当面一交谈，徐霞客又结识一位新朋友：参将章易，浙江会稽人，离徐霞客老家有点远，但与徐霞客的一个老乡是同学（同年）。章易不仅答应了他的请求，还请他喝了一顿酒。只是这手续比较繁琐，几天后另一位参将唐玉屏便把"马符"给送来了。

有了"马符"，徐霞客便让顾行去驿站落实运送行李的挑夫。徐霞客携带的物品太多，食品、生活用品、小礼品、书籍、资料、书信、文稿、碑刻拓片及抄件、沿途采集的标本、地方官员的推荐信等，人少了绝对不行。而明代的规定，即便是一品高官使用驿站，行李也不能超过 200 斤，徐霞客这要求让驿站颇为难。

有困难，那就拿时间耗着，好在徐霞客出门为的就是旅游。半个月下来，十月二十六日徐霞客等到了两顶轿子，十个力夫。这些力夫，实际上在服地方的劳役，也是临时义务工，将徐霞客送到下一站就得换人。十一月初二，这个村寨竟派了两名妇女。第二天，下一个村寨竟派出两个小孩凑数。十一月二十一日，又到了一个新村寨，力夫又得换，徐霞客一看，村寨里没有人啊！徐霞客拿着官文，挨家挨户地搜，好不容易搜出两个妇女。徐霞客命令两个村妇找人搬行李，命令她们给自己弄吃的。

边疆地区，语言不通，边民确实不好对付。十一月二十二日，徐霞客一行又到了一个新的村寨，力夫们一看可以交差了，一哄而散跑了个净光，村民们也躲得没个影子。幸亏徐霞客眼疾手快，逮住了一个跑得慢的老头。这下，老头的老伴急了，连忙向徐霞客求情，说我帮你找人，请你把我老伴放了吧！徐霞客正准备放人，发现自己带的两只鸡不知被谁给顺走了。徐霞客扣留了人质，人质大呼小叫，徐霞客不能讲客气了，直到村民赔了两只鸡，喝令村民连夜去找逃进山里的人。

第二天，徐霞客总算起轿上路了。走进山里，三个役夫趁机逃进了深山。徐霞客人生地不熟，一时没追上。这力夫一跑，行李就没人挑了，徐霞客只得派人去找，最终只找到一个，还是个腿脚残疾的。

　　十一月二十六日，是徐霞客最高兴的一天。这天，驿站为徐霞客派来两乘轿子、十名轿夫。在边境地区旅行，没有困难是不可能的，有时徐霞客都失去信心了，不时占卜求问观音菩萨有什么明示。这一路上，徐霞客都是什么心情？

十、大明残月

　　徐霞客的心情，其实是愉悦的。愉悦的理由，很多，也很具体。

　　崇祯十一年（1638年）八月，初七至十六整整十天，徐霞客呆在了广西府（今泸西县）。远道而来，呆这么久，就为得到一本《广西府志》。

　　书在明朝人的眼里是昂贵，在徐霞客的眼里则是珍贵。边远地区的志书契合的是其求知欲，那是志在必得的。《广西府志》属贵重物品，一般人没有，也送不起，徐霞客只能向知府要。

　　可是，这时的广西府偏偏没有知府，一位姓何的通判（别驾）代理知府。徐霞客直接上了知府大堂去找何别驾，很不巧，这天正是何别驾的生日，他自己给自己放假了。办公室里没找着，徐霞客便写了封索要《广西府志》的信，让仆人顾行送了过去。第三天，徐霞客让顾行去催，何别驾说有事情，没时间接见。徐霞客再让顾行去催，何别驾说急什么，搞好了就送来。说是立即送来，就是始终不送。

　　到了初十日，何别驾又说找不到《广西府志》了。这部《广西府志》是万历四十年（1612年）修的，当时只印了五套，边远的广西府实在是穷啊！徐霞客又催，何别驾实在纠结：徐霞客是名人，又有当朝官员的推荐信，不送又不好，送又要花一大笔银子。好在《广西府志》的旧版还在，最后下定决心，为徐霞客单独印一套。

要找人印，还要找人装订，费钱费工，一直印到十五日。为了赶工期，何别驾还将负责印刷的小吏打了一顿。十五日下午，何别驾命书吏送来《广西府志》，并赠送了礼物。第二天，徐霞客高高兴兴地启程了。

强烈的求知欲，驱使着徐霞客行常人所不能行，也使其成为"地理学家"。而这个"地理学家"，似乎是源于理想，抑或信仰。

徐霞客的地理发现，成就于晚年的万里远征云南。而去云南，徐霞客要看的原来只是一座鸡足山。

早在十六年前，徐霞客就动过这个念头。滇南鸡足山并不神奇，但很神圣。佛祖释迦牟尼的大弟子饮光伽叶僧，抱金缕袈裟，携佛牙舍利，传教布道之地便是鸡足山。万历四十六年（1618年）八月，徐霞客在庐山遇见了一位来自鸡足山的云游僧人。徐霞客是一位佛教徒，那时，他即想着有机会得去一趟鸡足山，但一等，竟是整整十八年。崇祯九年（1636年），徐霞客又遇到了一个命中注定的人——静闻。

静闻是位虔诚的佛教徒，徐霞客的朋友天台迎福寺莲舟上人的弟子。静闻出家二十年，刺舌血抄录《法华经》，最大的愿望就是将其供于鸡足山。志同道合，徐霞客与静闻结伴而行，以了却这桩由来已久的心愿。

崇祯十年（1637年）二月十一日，徐霞客与静闻来到湖南衡州境内。深夜时分，一阵恐怖的刀剑声惊得众人魂飞魄散，遇上打劫的强盗了！徐霞客身体敏捷，跳河而逃。静闻是一个出家人，没逃，没躲，独自一人留在船上，乞求盗贼留下佛经和徐霞客的书籍、文稿。拉扯中，盗贼刺了静闻两刀，然后放火烧船。烈焰熏人，河水刺骨，静闻带着伤，将船上的物品一趟趟抢搬到岸上，直至船只沉没。然后，坐在沙岸上等人认领。

第二天早上，静闻等来了徐霞客。仓促逃命，徐霞客只穿着单衣单裤，冷得浑身发抖。静闻赶紧脱下自己的衣服，让徐霞客穿上。

徐霞客与受伤的静闻继续前行，到了南宁崇善寺，静闻已病重倒下。静闻说，我一定能活下去，你先走吧，等我身体好了，自己走到鸡足山，实现平生大愿。

徐霞客离开静闻，前往鸡足山。途中放心不下，又返回崇善寺。这时的静闻已经故去，他留给徐霞客的遗言是：我出家二十年，立志要去朝拜鸡足山，今已不行了，我死后望你能将我的骨灰带到鸡足山去。徐霞客背着静闻的骨灰，于崇祯十一年（1638年）腊月二十三日，到达了鸡足山。在这个静闻梦想到达的地方，徐霞客将静闻的骨灰安葬在文笔峰下，血经安放在悉檀寺。

这场悲壮而悲戚的旅行，徐霞客真的是为了理想夙愿，为了颠覆前人认知而考察地理？是，又不是。崇祯五年（1633年），挚友陈函辉问徐霞客：你这一生就是到处游玩，什么时候才游够呢？徐霞客回答：还早着呢！凡是大明的江山，我都要去看看。

但是，壮丽而广阔的大明江山，徐霞客已经无法如愿成行。天启五年（1625年），徐霞客的母亲王氏离世，这一守孝，徐霞客又是居家三年。徐霞客最后一次远行前，这样与家人交待："譬如吾已死，幸无以家累相牵矣。"在徐霞客"家"的概念中，重要的是老母，妻子罗氏无足轻重。"父母在，不远游。"没有了母亲，徐霞客也就不再有最后的牵挂。

徐霞客好不容易等来壮游时机，时代却早已充满着危机和阻碍：崇祯元年（1628年），灾荒导致西北流民蜂起。崇祯二年（1629年），李自成、张献忠等已经不再是大明的良民。东北后金（清）崛起，西北自中原，继而南直隶、湖广、四川，陷入空前的战乱。大明王朝的万里江山，唯有大西南这一轮残月显得宁静。

徐霞客是一个洞悉天下的人，身不由己，壮游的方向只有南下、西行。最终，旅行家徐霞客与朱明王朝永历帝朱由榔一样，都将"句号"画在了云南，谈不上刻意，或许就是历史的必然与偶然。

徐霞客在鸡足山重病不起，丽江土司派人将其送回江阴，崇祯十三年（1640

年)六月,徐霞客生还故乡。崇祯十四年(1641年)正月,五十六岁的徐霞客病逝家中。徐霞客临终前,手捏两块游程中带回的奇石,平静地说道:"古来题名绝域者,汉张骞、唐玄奘、元耶律楚材三人而已。吾以老布衣,孤筇双屦,得与三人为四,死不恨矣!"

自豪还是欣慰,很难为人知晓。风雨飘摇的大明王朝,已经不可能让人比徐霞客走得更远……

※ 崇祯：多疑丧命的亡国之君 ※

河南淇县有一块"扯淡碑",墓碑顶书"再不来了",下书"扯淡"二字,墓主曾传为明崇祯皇帝朱由检:李自成攻入北京,朱由检逃脱至此,遁入空门,等待明朝起死回生。但直到他活到144岁,仍未如愿,最后发出"扯淡"的悲鸣。作为亡国之君,朱由检步入绝路,其"四大皆空"并非子虚乌有……

一、治与乱

天启七年(1627年)八月,朱由检登上帝位时,只是一个十七岁的少年。

作为一个亡国之君,一些史料记载他比较傻。其实,朱由检比较聪明,但作为帝王有着明显的"先天不足":他不是太子继位,当皇帝的"岗前培训"一次都没有,完全没有从政经验。朱由检登上帝位,是出于偶然:哥哥天启皇帝英年早逝,朱由检"兄终弟及"。

在幸运地登上帝位之前,朱由检完全是不幸的。他的母亲刘氏,只是明光宗朱常洛所薄幸的婢妾,有孕后才被封为淑女,也就是内宫低等级妾媵。朱常洛喜欢刘淑女,仅有一阵子,在之后朱常洛的一次歇斯底里中,刘淑女便因"家暴"身亡。或当场打死,或事后自杀,没有人知道,因为这事很敏感,需要高度保密——当时的朱常洛尚为太子,父亲万历皇帝正在琢磨找个茬,把他这太子给废了,所以朱常洛让身边的人一起撒谎,只称刘氏因病亡故,最后将她以宫人的身份草草葬于西山。

五岁的朱由检,几乎就成了孤儿。他先由庶母西李抚养,数年后西李生了女儿，朱由检又被送给了另一庶母东李。至于母亲，朱由检根本不知道是什么样。朱由检成了皇帝之后，画工根据宫女们的记忆，又请外婆过来指导，画了一幅母亲的像。时间太久了，老宫女们看后有人说不像，也有人说很像，朱由检听后泪如雨下，跪倒在地失声痛哭。

不幸的童年，也让朱由检的教育大受影响。当皇帝后，朱由检文化水平相当有限，官员们引经据典的奏疏，大多似懂非懂。有一次大学士周道登给他讲课，朱由检问周道登："近来诸臣奏疏内多有'情面'二字，何谓'情面'？"

周老师很为难，但毕竟在官场混了许多年，琢磨过后他给了皇帝很有"情面"的回答：这个问题很深奥，我也不懂！

——以朱由检的学识与经验，来操持大明朝，事实上是非常困难的。大明朝这个家，这时已经十分难当：在东北，十几年都没摆平的后金，闹腾得越来越凶；在西北，流民不再只抢点食物，劫官府、杀知县不再是偶然事件。

内忧外患，横亘面前。"家有三件事，先从紧的来"，当家主妇都懂的，朱由检却不明白。继位之后的朱由检，以极大的精力，做了一桩震惊朝野的大事。而这桩事的起因，却是一个妇人。

这个妇人，就是张嫣。张嫣（1606—1644），字祖娥，小名宝珠，祥符人，天启元年（1621年）二月入宫，四月册封为皇后。张皇后长朱由检六岁，这时是个二十三岁的少妇。这位出身民间的女子，并无多少政治智慧，却政治欲望明显，从朱由检被推上皇帝的宝座，到朱由检最终吊死于煤山，都与她的"政治主张"密切相关。

在天启皇帝病入膏肓时，继承人问题有了分歧：大臣主张用朱由检，魏忠贤主张用"胎儿"——据称，天启皇帝的两个妃子怀有身孕。魏忠贤的主张似乎很荒诞，但毕竟是为主子着想，天启皇帝犹豫起来。张皇后坚决反对，决策的天平顿时倾斜了。

天启七年（1627年）八月十一日，朱由检被火速召进宫，天启皇帝拉着他的手说："来，吾弟当为尧舜……"

对前因后果一无所知的朱由检，当时的反应相当敏捷：是真当皇帝，还是搞忠诚度测试？

可能是个圈套！朱由检顿时跪地，打死也不答应。关键时刻，张皇后从屏风后面走了出来，对跪在地上的朱由检说：事情紧急，不可推辞！

原来是真的，朱由检马上答应了。

接着，张皇后做了第三桩事：告诉已经进宫等待登基大典的朱由检"勿食宫中食"！意思是说，这里不安全，当心有人下毒！

朱由检吓得不轻，也对天下最好的嫂子感激涕零。入宫后的第一夜，朱由检根本没睡，整整一夜都点着蜡烛，恐惧地打量身边的每一个人，唯恐出现暗藏的刺客。恰巧有一个宦官从身边走过，朱由检一把拦住他，取过他腰间的佩剑，说是要看看。但朱由检根本没有看，而是搁到了桌上，接着给了他一笔赏钱。接下来更有意思，朱由检将所有的卫士和宦官召集过来，说是犒劳，其实就是聚在一起陪自己吃饭。

朱由检的用意很清楚：一个人不安全，人多自然就不存在了。这样真的安全吗？如果这其中真有刺客，恰恰给对方创造了下手的机会——这就是少年天子的智慧与思维。

事实证明，一切子虚乌有，下毒，刺杀，什么都没有发生。

张皇后所说危险究竟是什么呢？两个月后天下人都知道了谜底：魏忠贤！

魏忠贤与张皇后，确实是敌对关系。张皇后打十五岁进宫，首先与天启最信任的客氏干起来了。客氏受气，魏公公自然掺和进来。张皇后曾骂魏忠贤是"赵高"，魏忠贤斗争水平很有限，一时竟想不出对付这小姑娘的办法。后来想出了一个：造谣说她不是她爹亲生的，是个"土匪"的女儿，准备向皇帝举报。司礼监掌印太监王体乾跟魏忠贤关系很铁，脑子也好使，他提醒魏忠贤：人家夫妻关系挺好，弄不好我们会没命的！

魏忠贤算是醒了，惹不起躲躲算了。这样，客魏没干掉张氏，张氏也没干掉客魏。国家大事，这个妇女也靠边了，直到丈夫天启皇帝行将就木。

崇祯与张氏对魏忠贤的恶感，首先是徐应元告诉魏忠贤的。太监徐应元是崇祯皇帝的头号亲信，但跟魏忠贤既是同事，也是朋友。朱由检由王爷升为皇帝，徐应元与魏忠贤的联系就更多了。为"老领导"的安危考虑，徐应元建议魏忠贤退休。魏忠贤想想也对，皇帝心里不踏实，是因为自己权力太大，没了权力，皇帝放心，自己也自然安全了。

天启七年（1627年）九月初一，魏忠贤主动递交了辞呈，回家养老。九月初三，客氏也提交了辞呈。九月初四，王体乾跟着提出辞职。崇祯批准了客氏的要求，至于魏忠贤、王体乾，崇祯帝说是朝廷重臣，工作需要，不能在关键时期退休。

既然皇帝信任，那就接着干吧！魏忠贤甚至想，是不是徐应元想自己上位，在玩忽悠啊！很快，魏忠贤证实了自己的判断有误。

九月二十五日，江西巡抚杨邦宪向皇帝上书，要为魏忠贤再修座生祠。崇祯皇帝说，已经批准的，不修不严肃，可以继续施工。几天后，崇祯又下令，赐给魏忠贤的侄子魏良卿免死铁券。对崇祯皇帝的"好心"，魏忠贤感激不尽。

一个多月，崇祯皇帝没什么事，魏忠贤也没什么事儿。但反对魏忠贤的人，还是有两个：工部主事陆澄源，十月二十三日上书弹劾崔呈秀、魏忠贤；国子监监生钱嘉征，十月二十七日上书弹劾魏忠贤十大罪。动静不大，分量很轻，但魏忠贤想起徐应元的提醒，安全起见，第二天便再次提出退休请求。

这次崇祯很爽快，当天就批准了魏忠贤的辞呈。

魏忠贤在家闲住了三天，圣旨到了：崇祯说魏忠贤应该老有所为，需要到凤阳看坟。于是，魏忠贤只好收拾行李，前往凤阳上班。又过了三天，崇祯下令逮捕魏忠贤，逮捕令是兵部发出的。

违法犯罪的事，应该是刑部或都察院管。兵部管的事，应该与国家安全有点关系。魏忠贤想趁机谋反？没有。魏忠贤听说兵部来人，就上吊自杀了，跟在他后面的一千多名护卫，也没有为主子鸣不平，唯一闹的事，就是把主子携带的财物给分了，然后走人。

魏忠贤终结，崇祯又下令把客氏抓了回来。经过简单审讯，客氏被送往浣衣局，然后乱棒打死。大明王朝是有法制的，客氏如果犯有死罪，按理应该经法司审判。黑灯瞎火地打死，合理的解释是她知道得太多，又涉及后宫机密，不适合公开审理。

所谓的"客魏集团"，就这么顺利拿下，双方家属连不同意见都没有，更别说上访闹事了。崇祯与张氏提防的事，什么也没有发生。按理魏公公与客氏都死了，给个结论就行了，至于他们的党羽，朝廷毕竟有那么多职能部门。新皇帝上任，大明朝的要事太多。

但是，崇祯决定亲自抓，还要一抓到底。

崔呈秀听到客魏的下场，也没反抗，喝了一杯酒，然后自尽。

崔呈秀还真是个明白人，因为崇祯很快开列了一张逮捕表：兵部尚书崔呈秀、原兵部尚书田吉、工部尚书吴淳夫、太常寺卿倪文焕、副都御史李夔龙、左都督田尔耕、锦衣卫指挥许显纯、都督同知崔应元、右都督孙云鹤、锦衣卫佥事杨寰。

前五个是文臣，后五个是武官，史书上对他们的称呼是"五虎""五彪"。刑部、都察院对十人展开调查，经会审上报了处理意见：崔呈秀已死，免于追究；田尔耕、许显纯曾参与杨涟、左光斗案致人死亡，执行逮捕；其余七人，免职。

崇祯说，轻了。皇帝说轻了，就改重些：田尔耕、许显纯死缓，其余七人充军，倪文焕等附加罚款。考虑到都是领导干部，充军地点就近安排。

崇祯对刑部、都察院的复审结果十分震怒，找来吏部尚书王永光，说你来审理。王永光愣了，说自己刚从南京调来不久，干的又是户部、吏部的活，对案情不熟，法律知识非常有限……反正，就是不干。

王永光不干，崇祯说那就朕自己干！崇祯的效率很高，一气写了十个"杀"字。那个死了的崔呈秀，也被挖了出来，再杀一次！

"五虎""五彪"共十个人，加上为首分子魏忠贤与客印月，一气死了十二个人，应该不算少。但是，这只是开始。为了扩大"战果"，崇祯让乔允升接任刑部尚书，大学士韩爌、钱龙锡领衔办案。内阁牵头办案，这在明朝还是第一次。

这三个人来办魏忠贤的案子，似乎意味着崇祯执政理念的重大变化：韩爌本是东林党元老，天启朝一度担任首辅，魏忠贤挫败东林后韩爌辞职，现在是官复原职。钱龙锡在魏忠贤如日中天时被革职，乔允升更是与阉党势不两立，用这个班子查魏忠贤，绝对是对症下药。

韩爌一帮人加了几天班，整理出一份五十多人的阉党名单。韩爌兴冲冲地找崇祯汇报，本想让崇祯给句表扬，结果领回一顿训斥，原因是人数不够。

韩爌大学士原本算不上厚道，皇帝让他清查阉党，他连得罪过自己的人都凑了上去。没想到，皇帝居然认为少了。少了，就加。第二天，他送出了一份六十余人的名单。

这回，韩爌又没得到表扬，差点连帽子都丢了。崇祯大拍桌子：这么几个人，存心糊弄？再不认真，抗旨论处！

问题出在人数还不够？韩爌真是有点糊涂了。好在韩爌大学士聪明，既不说皇帝不实事求是，也不说自己能力、水平不足，而是强调客观原因：魏忠贤的案子主要牵涉内宫，我们外臣不是太清楚。

崇祯冷笑一声，抬出了几个包裹。这里面是历年官员与魏忠贤往来的公函或私信。有了这一大堆书面材料，韩爌再办不好案子，自己都不好意思向崇祯汇报了。

加班加点了四个月，在崇祯皇帝的直接领导下，崇祯元年（1628年）三月，魏忠贤案完整名单出炉，共二百六十一人，计八等（有史料将魏忠贤、客印月单列，故又称七等）：

首逆魏忠贤、客印月，凌迟；

首逆同谋崔呈秀等六人，斩首；

结交近侍计十九人，秋后处决；

结交近侍次等计十一人，流放；

逆孽军犯计三十五人，谄附拥戴军犯计十六人，交结近侍又次等计一百二十八人，祠颂计四十四人，各获得充军、有期徒刑、免职……

直接处理二百六十多人，什么概念？当时明朝内阁及部院官员，大概只有七八百人，二百六十多人，接近三分之一。三分之一的官员杀头的杀头，坐牢的坐牢，充军的充军，免职的免职，中央机关想正常开门都难！

人太多只是一个方面，关键是案子定得挺有奥妙。阉党最高领导是司礼监掌印太监王体乾，罪名只是"谄附拥戴"，倒数第二等。建议给魏忠贤在国子监立牌坊的陆万龄，连官都不是，竟被定罪第二等，跟"五虎""五彪"同等享受杀头"待遇"。还有当年得罪张居正的，这次不知得罪了谁，也被戴上"阉党"的帽子。魏忠贤多年权倾朝野，谁都想跟他套个近乎，万一有证据留了下来，那不是死路一条吗？剩下的三分之二，谁还有心思上班干活？

而这时的大明朝，正是需要加班、加点的时候。否则，真正高兴的，只有后金。后金势力日益强大，虎视眈眈。后金的铁骑比过去更频繁、更深入地在中原大地驰驱。

在境内，更是民不聊生，饿殍遍野，"群盗满山，四方鼎沸"。崇祯继位期间，北方大旱，赤地千里，寸草不生，《汉南续郡志》记载："崇祯元年，全陕天赤如血。"

形势如此严峻，不求治而自乱，崇祯究竟想干什么？

二、疑与信

自乱阵脚，崇祯皇帝肯定是有目的的。

目的，是执政理念的重大调整。"钦定逆案"大功告成以后，被魏忠贤们把持的国柄，当然回到了朱由检的手里。他爷爷上台，依靠的是文臣，尤其是倚重张居正；他哥哥在位，依靠的是内臣，尤其是倚重魏忠贤。

崇祯依靠什么？像是文臣，但显然又不是。宋代建隆元年（960年）至嘉祐四年（1059年），一百年间任用宰相五十人，崇祯在位十七年，也是五十人。前后这五十人，不乏有用之才，陆以湉在《冷庐杂识》中认为："明崇祯朝五十相，文震孟最贤，入阁三月遽罢。而奸如温体仁，辅政乃至八年之久。是犹病剧而投以峻削之剂，欲不亡得乎！"崇祯少年登基，长在帝王之家，不谙世事，少有处世经验，临机失措，难免用人失当。他要用的人，没有一个坚持到底。

黄立极是崇祯上台时的内阁首辅，也是最先提出立其为皇帝的重臣，并且与魏忠贤的主张正好相反。但在天启七年（1627年）十二月，黄立极首先因"交结近侍"的罪名而下台。黄立极讨好魏忠贤是肯定的，扶持崇祯即位，清除魏忠贤也是肯定的。

继任首辅施凤来，是万历丁未科（1607年）榜眼，可谓才高八斗。为魏忠贤立生祠事，施榜眼投过赞成票。这事有白纸黑字，被崇祯发现了，所以在他当了四个多月的首辅后，崇祯元年（1628年）三月"钦定逆案"，崇祯决定让施榜眼走人。

李国普"时人称为长厚"，崇祯元年三月进为首辅。李国普比较正直，也是个有功之臣——当年魏忠贤与张皇后较上劲时，刘志选弹劾国丈张国纪，李国普坚定地站在张国丈一边。所以，崇祯登基后，张皇后对他很信任，皇帝对他也很信任，李国普一路进左柱国、少师兼太子太师、吏部尚书、中极殿大学士，直到首辅。但李国普有个致命的"出生问题"——与魏忠贤是老乡，国子监生胡焕猷弹劾他是魏忠贤的同党，崇祯觉得这完全有可能，开始对李国普怀疑起来。李国普觉得这样搞太没意思，干了两个多月的首辅，主动提出辞职。

厚道的李国普走了，不太厚道的来宗道捡了首辅。来宗道为人比较圆滑，魏忠贤时代他出任《三朝要典》副总裁。崇祯帝要毁《三朝要典》，来宗道一点都不计较自己辛勤劳动的成果，说这种破书早该毁了，我举双手赞成！来宗道既不是阉党，也不是东林党，官场上靠圆滑取胜，魏忠贤当年没将他怎么样，东林党却不容忍这种耍滑头。来宗道当首辅时人送"清客宰相"，但历史上的污点同样是有的：他当礼部尚书时，曾为阉党崔呈秀的父亲办理过"恤典"，这份公文被东林派的官员给找出来了。首辅只干了一个多月，来宗道就此下台。

也就半年多时间，首辅走马灯似的换人。崇祯怎么都不明白，怎么就没有一个可信任的人呢？既然都不值得信任，干脆换种方法。为了重建一套像样的领导班子，他命令大臣们推荐十个能力和人品都优秀的内阁人选，周道登也位列其中。十个人的内阁，太多了。怎么选呢？崇祯皇帝别有高招——抓阄。

第一次抓出的结果，是钱龙锡、李标、来宗道、杨景辰，崇祯不满意。皇帝不满意，游戏接着进行，这一次周道登、刘鸿训被抽中，崇祯说游戏至此结束！

崇祯比较满意周道登，因为他曾担任过自己的老师，值得信任。崇祯元年六月，周道登担任内阁首辅。但他只干了半年，因为有人弹劾他无能。周道登说，说我无能我就无能，辞职算了！

有皇帝做靠山，这世界上还有什么好怕的？周道登怕的正是皇帝：崇祯生性好猜疑，阁臣鲜有得善终者。对"学生"的了解，莫过于当老师的。

除了自己的老师周道登，值得崇祯信赖的重臣，韩爌算一个。作为"钦定逆案"的主办者，韩爌是崇祯上台后首建奇功的人。崇祯不仅信任韩爌，而且对他的门生袁崇焕也特别信任，让其督师蓟辽。崇祯元年十二月，韩爌担任首辅，干了一年多，工作卓有成效。但是，天有不测风云，崇祯二年（1629年），后金军队绕道古北口入长城，围困北京。崇祯接到举报，因为袁崇焕叛变，所以有如此严重的后果。于是，袁崇焕被逮捕下狱，并被磔刑处死。作为负有领导责任的韩爌，本来就胆战心惊地过日子，这回一了百了：崇祯三年（1630年）正月，韩爌罢职还乡。

继任首辅李标，是个比较正直的人，同时也是个无党派人士。因为反对官员结党，所以受到崇祯的信任。在崇祯的眼里，官员结党是件不能容忍的事，所以"寄耳目于厂卫"，安插了很多探子，对朝臣进行暗地监视，搞得朝廷上下人人自危。李标觉得这样不利于安定团结，所以上奏崇祯帝："人臣不可以党事君，人君亦不可以党疑臣。"跟领导有分歧，李标这首辅没法干，当月上台，当月下台。

成基命因为受到过魏忠贤的打击，而被崇祯列为信赖的人，并由此成为李标之后的过渡首辅。袁崇焕案时，成基命与崇祯发生分歧，又成了崇祯不信任的人。崇祯三年九月，当了半年首辅的成基命决定辞职。

这时，最受崇祯器重的大臣是周延儒。

周延儒（1593—1643），字玉绳，号挹斋，宜兴人。周延儒机智敏慧，二十岁时连中会元、状元，崇祯帝即位不久，便将周延儒从南京召回北京，担任礼部右侍郎的官位，年仅三十五岁的周延儒，已有十四年的从政经验。

崇祯元年冬，锦州发生士兵哗变，督师袁崇焕认为是"欠薪"所致，所以上书请发军饷。崇祯帝为此在文华殿召集大臣商议，诸多大臣都说了句正确的废话：缺钱，那就给钱！

其实，边事缺钱倒是事实。问题是，朝廷如果有钱，边事早就摆平了。没有钱又要办事，周延儒力排众议，提出自己的看法：宁远士兵哗变发军饷，锦州士兵哗变再发军饷，这样下去，边军风气只能更坏，朝廷不仅要防外敌，连自己的士兵都要防了。

挟边自重！周延儒发现了问题的另一面，并非完全是投皇帝之所好。对问题有独到的见解，又敢说真情实话，崇祯帝对周延儒更为器重。

崇祯三年九月，年仅三十七岁的周延儒出任首辅。但是，周延儒遇上了一个官场老手——年长自己二十岁的温体仁。给一个后生当下手，温体仁咽不下这口气。周延儒的子弟也不争气，仗着周延儒的名声在家乡横行霸道，温体仁逮着把柄便让言官不断弹劾，弄得周延儒灰头土脸。崇祯四年（1631年），周延儒的姻亲陈于泰参加殿试，利用周延儒的关系抢了状元，著名的才子吴伟业"屈居"榜眼，社会舆论一时大哗，温体仁又找到了一个说事的机会。空穴来风，崇祯帝开始对周延儒怀疑起来，加上温体仁的步步紧逼，周延儒被迫于崇祯六年六月托病回乡。一心当首辅的温体仁，终于如愿以偿。

从时间上看，崇祯最信任的人应该是温体仁，在崇祯朝他整整干了五年首辅，创造出生性多疑的帝王统治下的居官纪录。

温体仁资历较老，但品性欠佳。崇祯帝刚刚即位，便擢升温体仁为礼部尚书，证明崇祯对他确实比较信任，温体仁也认为这是皇上有意重用他的信号。崇祯元年冬，崇祯帝决定增补内阁阁员，温体仁对入阁满怀信心，但会推阁臣时赞成票很少，温体仁名落孙山。温体仁不自我反思，而是决定找江南才子钱谦益的茬，因为他得票太多。整掉前面的，后面的自然就递补上去了。一个人的力量有限，温体仁又拉周延儒入伙，二人联手，共同对付钱大才子。本来崇祯对钱大才子也很信任，但听温体仁说钱大才子私下缔结朋党，态度立马变了，钱谦益也由此回到了乡下。

温体仁以阴狠毒辣著称，朝臣中早有共识，但崇祯帝非常自信，认为温体仁很忠诚。温体仁、周延儒联手搞倒钱谦益，崇祯帝反而很高兴，庆幸自己发现了一个明察秋毫的良臣，并由衷地发出感叹：没有温体仁，朕几乎误了大事！

当然，温体仁也为崇祯帝办了大事——按照崇祯帝的意思，处理了袁崇焕一案。温体仁成功地掌握了崇祯帝的性格，投其所好，直到挤走周延儒，登上首辅的宝座。

钱谦益被温体仁算计到乡下，日子倒也逍遥自在，以其文人性格，本无找温体仁报仇雪恨的心思。但一个偶然的事件，他竟无意中把首辅大人给扳倒了。

有一天，一个叫张汉儒的混混找上门来，让钱谦益帮忙办件私事。钱谦益比较清高，对品行不端的混混根本不拿正眼瞧。结果，祸事上门了：怀恨在心的张汉儒，竟然跑到京城上访，说钱谦益在乡里结交朋党，谤议朝政。

温体仁差不多也将钱谦益给忘了，张汉儒这一上访提醒了他，决定顺手再收拾一顿钱大才子。钱谦益被逼急了，连忙向司礼太监曹化淳求救。曹化淳也是个有身份的人，便给温体仁打了个招呼，说这等子虚乌有的事干脆算了。温体仁不厚道就在这里：不给人面子也就罢了，居然准备连同曹化淳也给收拾掉。于是，温体仁将曹化淳说情的事添油加醋密奏给了崇祯帝。

温体仁这一招阴毒，也似乎有点愚蠢，但是很有道理。在不设宰相的明朝，阁权与宦权冲突得很厉害。皇帝信任内阁，宦权就靠边；皇帝信任宦官，阁权也自然靠边。温体仁对曹化淳打黑枪,既是防微杜渐,也是一箭双雕。

崇祯帝确实很信任温体仁,但温体仁忽略了一点:铲除魏忠贤已经好多年了,崇祯对宦官的态度有了微妙的变化,他已经不将宦权看作是皇权的威胁,甚至觉得宦官很有用,也比文臣忠诚可靠。崇祯帝将温体仁的密奏拿给曹化淳看,曹化淳吓得魂都飞了。曹化淳向崇祯帝如实报告了事情的原由:这不是图谋不轨,除了说情还是说情!既然这样,崇祯皇帝也就算了。

吓得半死的曹化淳,就此与温体仁结下了深仇。一不做,二不休,曹化淳毛遂自荐要求亲自侦察审理钱谦益一案。曹化淳手下有的是东厂特务,钱谦益的事查得水落石出,温体仁私植党羽的事也"顺便"弄了个一清二楚。崇祯帝对钱谦益的事一点都没兴趣,但温体仁的事触动了他的神经。崇祯十年(1637年)六月,温体仁正同家人吃饭,忽有太监来传圣旨:温体仁削职为民!

"当"的一声,温体仁手中汤匙掉在地上摔得粉碎。

论资排辈,张至发当了首辅。

张至发算是崇祯皇帝特别信赖的人,他的经历比较特殊,有着基层工作经历,从知县、知府、巡抚一直干到刑部右侍郎。崇祯八年(1635年),崇祯帝感到迫切需要有实践经验的人来处理朝廷事务,破格让他进了内阁。没有翰林经历而成为内阁辅臣,这在明朝的历史上十分罕见。

处理具体政务,张至发井井有条,确是一把好手,但这个人并无治国谋略,小聪明倒不少。翰林院检讨杨士聪弹劾吏部尚书田惟嘉,张至发见到奏疏,想到的是卖个人情,密抄一份送给田惟嘉,让他先做反驳的准备。结果弄巧成拙,杨士聪的奏疏崇祯帝还未批转到内阁,田惟嘉就上书一条条地辩驳,辩驳的顺序都没乱。怀疑是崇祯帝的强项,一核查,果然是内阁与吏部串通作弊。崇祯帝对张至发的信任,也就结束了。张至发也很知趣,请求辞职。崇祯帝顺水推舟,批示张至发因健康原因,"回籍调理"。其实,张至发的辞职报告中根本没写身体有病,崇祯出乎意料地给了他面子。"遵旨患病",当了十个月首辅的张至发,只给政坛留了个笑谈。

接替张至发的孔贞运，首辅只干了两个月。崇祯帝曾对孔贞运厚爱有加，一是孔贞运为孔子的第六十二世孙，二是孔贞运在南京礼部侍郎任上时以"扫黄"出名。在民风与官场风气严重下滑的末世，"德治"或是一针强心剂。崇祯帝想树这么一种典型，在孔贞运担任国子监祭酒时，特意对其赏赐有加。崇祯的想法虚构成分太大，孔贞运对自己祖宗倡导的礼义仁智信，其实是"历史地"看待的。因为官员选拔问题，孔贞运与崇祯帝发生分歧，郭景昌趁机上书弹劾他，崇祯一气之下停发了郭景昌的工资，孔贞运则被免职了。

崇祯十一年（1638年）六月，刘宇亮进为首辅。这年冬天，多尔衮率清兵南下，从墙子岭进入长城，京师戒严。关键时刻，刘首辅挺身而出，要求出城督察军情，崇祯帝大为感动。刚过真定府，听说清兵将至，刘宇亮赶紧进晋州城躲避，结果知州陈弘绪紧闭城门，一个不让进。刘宇亮大怒，下令陈弘绪开门，否则军法论处。陈弘绪回答说：你是来抗敌的，现在敌人来了，哪有躲避的道理？反正，城门就是不开。

刘宇亮一面上疏弹劾陈弘绪，一面要抓陈弘绪。陈弘绪在地方的影响很好，晋州离京城又近，很多人跑到京城上访，为陈弘绪鸣不平。从此，崇祯帝对刘首辅的能力、水平大为怀疑，认为他只会扰民，正事干不了。

第二年正月，刘宇亮行至天津，发现诸将畏敌退避，便将总兵刘光祚给弹劾了。公文出来后，刘光祚偏偏又打了次胜仗，刘宇亮只好又重新上书，为刘光祚求情。崇祯帝气不打一处来，将刘宇亮给免了。

刘宇亮罢官，薛国观一跃而为内阁首辅。看上薛国观，当然是因为他的能力，崇祯帝视其为温体仁第二，从而对其信任有加。不过，跟温体仁比，薛国观伪装的水平又差了许多，没多长时间崇祯便对他心生怀疑。有一次崇祯与薛国观讨论官员贪腐问题，作为百官之首，薛国观至少要检讨一下自己认识与工作上存在的不足，有个自我批评的姿态。薛国观认为官员贪腐，主要是东厂和锦衣卫监督不力。如果厂卫不失职，官员怎敢如此贪婪？

脏水净向别人泼，另一旁的东厂太监王化民恨得牙根直痒痒。既然薛首辅认为厂卫失职，那厂卫就好好尽职一次。王化民悄悄一查，将薛国观贪腐的事实写了几张纸。崇祯帝一看，肺都气炸了。

论得罪的人，太监王化民算是小儿科。内外形势严峻，朝廷的收入早已入不敷出。崇祯帝让薛国观想办法，薛国观还真想出了一个：向皇亲国戚、达官贵族"借"。

这个主意本身也算不上太歪，因为老百姓身上确实榨不出什么了，再往死路上逼倒不如直接让老百姓造反。问题是这些有钱的主，愿不愿意出钱。于是，薛国观又出了第二个主意：外廷官员我负责，皇亲国戚你负责！

给皇帝派活，薛国观是明朝第一人。皇亲国戚，钱是有的，但谁都比国字号银行牛，皇上不亲自出马，借一分钱都是问号。朱由检无可奈何，同意了薛国观的意见。

朱由检选定的第一人，是武清侯李国瑞，开口白银四十万两。李家原籍山西平阳，自打出了孝定太后，也就是崇祯帝的曾祖母，晋商便多了强买强卖的底气，生意也做到了京城。《燕都游览志》载："武清侯别业，额曰清华园，广十里。"

掏个四十万没问题，关键是心痛。但皇帝开口了，公然抗旨那不是傻吗？武清侯李国瑞一个劲地叫穷，并且以实际行动证明，李家确实穷：拆一栋房子，搬出一大堆杂物，摆满一条街，大声叫卖，有事没事的市民全都赶过去看热闹。

不肯借钱直接说好了，居然出这等损招打皇家的脸，崇祯极为震怒，削了李国瑞的爵禄，也把李国瑞给吓死了。

李国瑞吓死了，其他皇亲国戚也几乎吓得半死。如何不出钱又不死呢？造谣：孝定太后在天之灵发怒了，皇帝对外戚太刻薄，要遭天谴！也是蹊跷，崇祯帝的皇子朱慈焕不久真死了。

崇祯帝十分后悔，李家上缴的金银悉数退还，李国瑞七岁的儿子再封为武清侯，必须让孝定太后消消气。至于薛国观，只能拿来出气了。

薛国观本来运气大好，因为到了官员定期考核时期，属于首辅的收获季节。

行人司官员吴昌时提了一包重重的银子，请求薛首辅关照一下，谋个吏科给事中。但有人出价更高，薛国观只给了吴昌时一个礼部主事。吴昌时觉得这桩买卖不公平，便把薛首辅受贿的事给举报了。当然，他是举报别人行贿。

崇祯帝已忍耐了很久，一口恶气正没处出，薛首辅便回家了。

薛首辅回家时心情太好，毕竟这些年钱着实捞了不少。装满钱财的车辆络绎不绝，动静太大，被他得罪的东厂觉得这是个机会：薛首辅都回家了，肯定就不是皇帝宠信的主了。放开手脚去查，薛国观收受贿赂的证据全出来了。崇祯见到薛国观贪腐情况的调查报告，立即下令逮捕薛国观。狱中的薛国观上吊自尽，崇祯说不准收尸。薛国观在梁上足足挂了两天，这时的崇祯气算是消了。

崇祯十三年六月，范复粹接下了薛国观的摊子。范复粹因告发尚宝卿董懋中等，受到崇祯赏识，但能不能当首辅是个问号。给事中黄云师评价说：当宰相要有"才、识、度"，范复粹可能这三项一项都不具备。在崇祯帝的支持下，范复粹当了将近一年的首辅。明朝内外交困的局面日趋严重，范复粹想有什么作为，客观上难度也大。李自成攻占洛阳，福王遇害，崇祯帝悲痛欲绝，范复粹说："此乃天数。"崇祯问："就算是气数，难道就没有办法挽回吗？"范复粹无言以对，崇祯帝心也凉了。

张四知怎么也当了首辅呢？这人脸上有过溃疡，长相奇丑，干的事也一点不漂亮。张四知兄弟分家时，他竟将其弟弟灌醉，拿着弟弟的手在房契上按了手印，从而"合法"地赚了一笔。不过，张四知只是在内阁临时负责，时间不过五个月。

能臣，其实是有的。朝中多数官员与崇祯帝同时想起了一个人：周延儒。

崇祯十四年（1641年）九月，周延儒二度为相。这一次，他果不负众望，一时政绩卓著，朝野称贤，崇祯帝对他也是越发器重。崇祯十五年（1642年）正月初一，崇祯帝受群臣朝贺，他叫周延儒背东面西站好，郑重地向其揖拜："朕以天下听先生！"

大厦将倾，非一木可支。正月十一日，清兵从墙子岭、青山口入关，明军一触即溃，清兵长驱直入，越京畿，入山东，如入无人之境。周延儒自请督军，崇祯帝再次为之激动。周延儒驻地通州，崇祯帝差不多每天都能接到捷报。到了四月，清军兵退，周延儒凯旋。

周延儒的好日子只过了几天，数日后锦衣卫奏报，清兵并不是周延儒打回去的，而是完成抢掠任务后自己退兵的，崇祯帝大怒，下旨追究周延儒蒙蔽推诿之罪。周延儒自知理亏，席蒿待罪，自请流放戍边。崇祯帝气消了，又觉得"延儒功多罪寡，令免议"。

但是，周延儒当了两任首辅，这政敌也跟着翻倍。锦衣卫指挥使骆养性弹劾周延儒，其他的官员相继跟进。崇祯帝主意又变了，大骂："最恨周延儒对朕玩弄计谋欺瞒。"

崇祯十六年（1643年）十二月，崇祯帝勒令周延儒自尽，籍没其家。骆养性手持圣旨及吊绳，来到周府时尚为酉时，周延儒向家人一一哭别，直到第二天清晨近卯，五十一岁的周延儒自缢而亡。两个月后，几乎也在这个时辰，崇祯帝与周延儒殊途同归。

在崇祯帝最后的两个月里，首辅陈演、魏藻德等均无建树。崇祯帝认为陈演错误决策，造成大同、宣府失守，将其轰出大殿。李自成逼近北京时，崇祯帝问末任首辅魏藻德如何救急。魏藻德曾以口若悬河而让崇祯帝印象深刻，关键时刻没有主意至少会有个说法。但魏藻德始终闭口不言，崇祯帝说：你只要开口，我立刻下旨照办！魏藻德依旧垂头不答，他不是没有主意，而是他的想法与皇帝相左。不说，比说出来至少可以多活几天。在这种无可奈何中，北京城被李自成攻破，崇祯帝自尽……

三、战与和

其实，崇祯帝有数次将李自成赶尽杀绝的机会。但是，每当李自成等被官军逼到绝路时，如同事先约好了似的，后金的大军总是出手，让明军难以招架，崇祯帝不得不抽出平定内忧的手，紧急去处理外患问题。按下葫芦浮起瓢，最后一个问题都没有解决。

腹背受敌，两个拳头打架，为什么不稳住一个，先解决一个呢？不是不想，而是没成。

万历四十六年（1618年），后金崛起，努尔哈赤以"七大恨"起兵，开始进攻大明。明朝的态度是，"大彰挞伐，以振国威"，"务期殄灭，以奠封疆。"谁闹揍谁，不给会哭的孩子奶喝，绝不谈议和之事，万历帝的态度，证明了他并不昏庸。

此时的后金统治者，并无鲸吞辽东之意图，更未有问鼎中原的宏愿。即便到了皇太极时期，他也没有夺取大明江山的明确目标，他与袁崇焕的往来书信不下十封，谈的也是议和。但他们攻城略地，抢劫财物，还自己跟自己吹牛皮倒是真的。努尔哈赤最大的志向，是希望明朝承认他的存在，封其为王，为此他曾数次派遣喇嘛携书给明辽东官员"言和"。"和"不成就打，双方这一打就是八年，努尔哈赤处处得手，想议和的一方，积极性也没了。

天启六年（1626年）正月，袁崇焕于宁远重创努尔哈赤。这次胜利对双方都太重要了：明朝要战胜后金，实在不容易；后金要吞掉明朝，也不是想象的那么简单。于是，双方开始了第一次和谈。

与侵略者坐在一起谈买卖，政治风险等级极高。宋金和谈，高宗成了投降派，秦桧由此遗臭万年。大明朝谁出来干这桩事？大名鼎鼎的袁崇焕！

袁崇焕（1584—1630），字元素，万历四十七年（1619年）进士，任邵武知县。天启二年（1622年），因御史侯恂的赏识而任职兵部，又因孙承宗的器重而镇守宁远。

和谈与劝架是两回事，不是讲通道理大家消消气事情就过去了。和谈的关键是谈条件，并且要双赢：出钱的一方，要感到掏出银子的价值，远远大于不花银子的结果；收钱的一方，要感到得到一纸"合同"的利润，远比拼命更划算。为了改变对方的收益预期，双方都要让对方知道自己拳头的厉害。

天启六年的和谈，时机对明朝相对有利，因为刚刚打败了后金，努尔哈赤虽没有被当场击毙，回去之后也医治无效。这年九月，当死讯传至宁远后，袁崇焕派镇南木锉（李喇嘛）等三十四人的庞大队伍，前往后金吊唁努尔哈赤，祝贺皇太极继位。皇太极自然也客气起来，"欲两国通好"。最后的核心问题当然是"价码"：前提是大金国皇帝，改称金国汗。见面礼，是明朝先送给后金金十万两、银百万两、缎百万匹、青蓝布千万匹。然后双方关系正常化，以后每年后金给东珠十颗、貂皮一千张、人参一千斤，明给金一万两、银十万两、缎十万匹、青蓝布三十万匹。明方还价，见面礼砍掉一半，其他的既然是国际贸易，就不算具体的细账了。

这笔交易倘若达成，什么李自成、张献忠恐怕早就被逮捕，或早已死不见尸。明军虽已腐败，但收拾一群起义的老百姓，实力还是没问题的。

利润从来都是诱人的，为了哄抬"价格"，五月份皇太极率军至辽西攻掠，进攻锦州、宁远。为了压价，袁崇焕也早有准备，谈判桌之外明朝占了上风，取得"宁锦大捷"。这一败一胜，竟把双方的"生意"搅黄了：天启皇帝太高兴，和谈的事晾到了一边。但相关官员加官晋爵，作为和谈一号主角的袁崇焕，官只升了一级，奖金只拿了三十两银子。袁崇焕极为恼怒，辞职不干了。皇太极更是傻了眼：拿着"账单"，找不着签字的了。

崇祯元年，明朝国内的日子开始难过起来，主要问题是灾荒加重，造反的太多，迫切需要宽松的外部环境。退休在家的袁崇焕，又被崇祯皇帝请到了京城。

崇祯帝给袁崇焕交待工作的地点，不是他的正规办公室，而是紫禁城里的平台，参加工作会商的也只有几个人。这一天，是崇祯元年（1628年）七月十四日。面谈之后，袁崇焕最终给了崇祯一颗定心丸："计五年，全辽可复。"

崇祯帝与袁崇焕都很高兴，也都很有把握。但许誉卿觉得不太可能，因为他是兵科给事中，情况太熟：后金的事拖了十几年，皇帝都拖死了三个，怎么可能那么容易？

袁崇焕告诉他："聊慰上意！"

逗皇帝玩？不可能。胆子再大，也不能拿自己的脑袋和阖家性命开玩笑。袁崇焕是不想跟许誉卿聊得太多，因为有五年的机动时间，袁崇焕认为自己能把辽东的事情摆平。

但是，袁崇焕从平台召对到最终被拿下，既未狠揍皇太极，也未收复寸土，唯一真抓实干做的一件事，就是杀了毛文龙。

毛文龙是各方都不喜欢的人。他是辽东的东江总兵，东江的几个海岛，在当时就是明朝伸进后金与朝鲜之间的一个楔子。朝鲜是明朝的附属国时，经常向明朝告毛将军的状，因为他时常借东西不还。后金从明廷手里抢走朝鲜后，恨毛将军的又多了个皇太极，因为他不好甩开膀子与明军干。袁崇焕到任后，毛文龙又不断"讨薪"，要袁崇焕解决欠饷问题。

毛文龙的实力不是很强，但战略威胁太大，被人从背后插一刀的感觉，谁都受不了。袁崇焕的军事素养很高，战略、战术都不是外行，但他居然把毛文龙给杀了。袁崇焕要杀毛文龙，直接原因是他不服从调动，并且无法正面沟通。但不经审判，当场把一个总兵给杀了，袁崇焕当时也没有受到任何追责——这与他有尚方宝剑，拥有先斩后奏的特权没有关系。按照明制，尚方宝剑只能杀总兵以下的将官，这个袁崇焕清楚，毛文龙也清楚。袁崇焕杀毛文龙时，用的是"圣谕"——崇祯皇帝要杀毛文龙，所以袁崇焕心安理得，毛文龙无话可说。

究竟什么原因，崇祯与袁崇焕为什么要杀毛文龙？碍事。毛文龙的人头，很能证明明廷和谈的诚意，此时的袁崇焕，与皇太极谈出了成果。后金方面有些诚意，皇太极与袁崇焕的往来书信中，主动去掉了自己的天聪年号，只写己巳年（崇祯二年，1629年）。这年四月，皇太极致书袁崇焕，要求明朝铸给"金国汗之印"，袁崇焕没有回复。皇太极再催，依旧泥牛入海——这么大的事，袁崇焕应该是作不了主的。

袁崇焕不答应，可能是认为皇太极开价过高。为了证明这个价码属于"优惠价"，皇太极要以自己的实际行动作出说明。这年十月，后金军绕过宁远、山海关，由大安口毁长城攻入内地，占领遵化、滦州、永平、迁安四城，进而围困北京。袁崇焕吓坏了，赶紧去追，在北京城外追上了后金军队。皇太极没有攻下北京，但后果太严重：袁崇焕进城去跟崇祯帝解释，只是这一去，他再也没有出来。

袁崇焕于次年被崇祯帝下令凌迟处死，一百多年后，清廷宣布：崇祯中了咱的"离间计"！其实，清朝《满文老档》中关于袁崇焕与后金秘密往来的记载详实，后金"离间"明朝的证据并无多少说服力，而且明朝锦衣卫的侦察水平一直不低，骗人不是一件容易事。崇祯帝要杀袁崇焕，"叛国""投敌"的指责，只在逮捕袁崇焕时的圣旨："谋叛欺君，结奸蠹国。斩帅以践虏约，市米以资盗粮。既用束酋，阳导入犯，复散援师，明拟长驱，及戎马在郊，顿兵观望，暗藏夷使，坚请入城，意欲何为？致庙社震惊，生灵涂炭，神人共忿，重辟何辞！"

《国榷》中的这段记载，在八个月后对袁崇焕正式判决与定性时，《崇祯长编》中有了重大更改："谕以袁崇焕付托不效，专恃欺隐，以市米则资盗，以谋款则斩帅，纵敌长驱，顿兵不战，援兵四集，尽行遣散，及兵薄城下，又潜携喇嘛，坚请入城，种种罪恶。命刑部会官磔示，依律家属十六以上处斩，十五岁以下给功臣家为奴。今止流其妻妾，子女及同产兄弟于二千里外，余俱释不问。"

"付托不效，专恃欺隐"，为崇祯帝担负秘密使命的袁崇焕，国家需要卖，又没卖上价，还造成严重后果，这才是崇祯帝恼怒的真正原因。

袁崇焕替崇祯帝背"黑锅"，最终被剁成一堆肉酱。虽然对袁崇焕家属的处理"皇恩浩荡"，但毕竟还是吃力不讨好。袁崇焕死后，这种不明不白的事，很长时间再无官员肯干了，尽管后来皇太极又多次向明朝表示，"如天朝许款情愿休兵"，甚至找大凌河战役中被俘的监军兵备道张春，让其为后金上表明朝请求议和，但明廷既没出现秦桧，也没出现袁崇焕。

可当秦桧的，其实还有一个人：兵部尚书熊明遇。崇祯五年（1632 年）六月，他授意宣府巡抚沈棨、总兵董继舒，在张家口与后金官员"刑白马乌牛誓告天地"，达成局部和解协议。但是，尝试失败了，崇祯帝心中始终有个"尧舜"的结，只要不是山穷水尽，他都不肯做有失面子的事。崇祯十一年（1638 年），阁臣、兵部尚书杨嗣昌，也是与崇祯关系密切的重臣，又授意辽东巡抚方一藻尝试议和。杨嗣昌长期主导国内的平叛工作，深知同时开辟国际、国内两个战场的不可为，竭力主张与清议和，但崇祯皇帝予以"切责"，谈好的条款无人签字。

崇祯十五年（1642 年），松锦之战败局已定，崇祯帝紧急召见了兵部尚书陈新甲，让其见机行事，重启议和。陈新甲委派兵部职方郎中马绍愉，携带崇祯皇帝敕书，前往沈阳。国内的局势，已迫使崇祯帝将更大的精力转移到与清的议和上。据《明史》《清太宗实录》，议和期间崇祯帝"以议和委新甲，手诏往返者数十"。五月，马绍愉率领的上百人议和使团，在沈阳与清方谈判。此时明清之间的实力对比已大非往昔，境内"盗贼蜂起"、中原势如瓦解的局面也为清方洞悉，这正是勒索的大好时机。清方本欲让明朝"纳贡称臣"，经过艰难的谈判，最后达成以"两国"相称，"以宁远双树堡中间土岭为贵国（明）界，以塔山为我国（清）界，以连山为适中之地，两国俱于此互市。"

互市，当然是清国的"人参千斤、貂皮千张"，换明朝的"金万两、银百万两"。代价当然大，但与明朝的江山以及无法承受的军费相比，也算是毛毛雨了。

得到密报的陈新甲、崇祯对这个结果显然比较得意。一旦清军的威胁解除，最有战斗力的明军腾出手来，农民军将面临灭顶之灾。

因为高兴，陈新甲估计酒喝得太多，马绍愉从边关发回议和条件的密函，被他随手扔在了桌子上。不巧的是手下人做事太负责，误以为桌子上的密函是份《塘报》，需要交给各省驻京办事处传抄。

崇祯帝进行的议和行为，是在高度保密的情况下进行的，仅有几个人知晓这一核心机密，没有在一定范围内形成共识，更缺少必要的思想准备与组织准备，基本的舆论氛围都没有。历史上，主持议和者无不背恶名，陈新甲的议和，自然又被斥为"顿忘国贼""损威辱国"。

面对群臣哗然，陈新甲一点也不紧张，因为他底气十足。在一些场合，陈新甲更是自诩其功，吹嘘自己办了一件皇帝想办而终于办成了的事。崇祯皇帝的底细，被暴露给了群臣。陈新甲缺乏担当与谋略，让崇祯皇帝愤怒之极，于是把议和说成是陈新甲擅作主张。关在监狱中的陈新甲这才意识到，自己确实犯了个低级错误，揽过责任，上书乞宥，崇祯根本不买账，要立杀陈新甲，以平息舆论。

舆论压力好解决，军事压力怎么办？大学士周延儒、陈演觉得应该给陈新甲留条后路，这也是给大明朝在留后路啊！真的彻底堵死议和之路，明、清之间还会有第二次机会吗？

但是，九月二十二日，陈新甲仍旧被斩于市。陈新甲死了，他带走了明朝的秘密，也带走了明朝生存的机会。战不能胜，败不能和，崇祯皇帝飘摇不定的心思，让他离死亡越来越近了。

四、守与走

崇祯帝之死，死于内外夹击。他本来仍然可以不死，因为他还可以跑。宋高宗赵构逃跑时，连匹像样的马都没有，最终都跑成了。崇祯帝至少有御林军，有轿子，居然没跑出京城。

崇祯帝不是不想跑，而是事不顺心，最终跑不成。

内忧外患骤然升级的崇祯朝，"南迁"问题数度进入最高统治者的重要议事日程。所谓"南迁"，就是崇祯朝在京师难保的形势下，主动作出战略放弃，迁都南京。与历代王朝不同，明代长期实行"两京"制度，当年朱棣迁都北京后，仍旧保留南京为留都，并一直配备相应的中央机构。国家危难之际，"两京"制似乎又是明朝歪打正着的政治优势。崇祯十五年十一月，清军再次入塞时，朱由检想到了迁都。《三垣笔记》载："上以边寇交织，与周延儒议南迁，命无泄。"

首都长期处于满清的兵锋之下，迁都南京既有必要，也完全可行，但这场南迁之议由于天启懿安皇后张氏的反对而作罢。这个女人，最初让他下定决心来当皇帝，最终又无形中让他死在了皇帝的宝座上。

崇祯十七年正月，李自成在西安称帝，遣兵东渡入晋，志在灭明，京师形势更加危急，明廷再起南迁之议。《明季北略》载，李明睿等奏请南迁，崇祯单独召见李明睿曰："朕有此志久矣，无从襄赞，故迟至今。汝意与朕合，但外边诸臣不从，奈何！"

朱由检的本意是自己迁往南京，留内阁等一班官员留守京师，但未能如愿。二月初一，大顺传檄到达御前，檄文有"将于三月十五日到达京师"之语，君臣上下甚为恐慌。二月间，大顺军刘芳亮等部已出河北，基本完成了对京师的包围，京师形势急剧恶化，朱由检安全南迁已困难重重。《明史·李邦华传》载，此时"邦华密疏，请帝固守，而太子监国南京。帝得疏，意动，绕殿而行，将行其议。中允李明睿，亦疏言南迁便"。可是，这个折中的南迁方案最后还是胎死腹中。

紧急关头，唯有南迁才是可用之策，崇祯朝的两次南迁方案，为何不能实行？除了朝廷对大顺军战略意图缺乏有效应对之策，崇祯帝困顿于政治顾虑外，便与光时亨等人的强烈反对密切相关。

崇祯帝廷议时，李明睿曾援引宋室"南迁"国祚延续一百五十年的先例，提出只有"南迁"方有中兴希望时，《明史》称光时亨拍案而起，"以倡言泄密纠之"，并扬言不杀李明睿，不足以安定民心。

李明睿（1585—1671），字太虚，南昌人。虽然《明史》《清史稿》等均无其传，但他确是明末清初颇有影响的诗人、史学家与社会活动家，著名作家谭元春、吴伟业均出其门下。京师陷落后，李明睿一度进入李自成与满清政权，随后又南下加入弘光政权。

但在崇祯朝，李明睿是最能契合崇祯隐微内心的人，也是深受崇祯信任的人。崇祯十七年正月，崇祯帝"升李明睿右春坊右庶子，管左春坊印"，破格将其由正六品提拔为正五品。

尽管如此，光时亨却偏偏将矛头对准李明睿，拿皇帝的身边人和皇帝信任的人开刀。

对于李明睿的主张，光时亨肯定清楚其中的背景，知道这不是李明睿的个人意见。光时亨之所以仍旧有胆有言，同样有着深厚的背景，支持他的便是陈演。

周延儒罢相身死，陈演代为首辅。《明史》称陈演为人"既庸且刻"，事实上陈演聪明绝顶，他知道一旦崇祯"南迁"，他自己就会带队留守京师，下场不会比周延儒更好。皇帝"亲征"南迁的第一方案搁浅后，其后太子监国变相南迁的方案，同样遭到光时亨的阻挠。《石匮书后集》载：李明睿等奏请太子监国南京，而光时亨曰："奉太子往南，诸臣意欲何为？将欲为唐肃宗灵武故事乎！"

唐肃宗即李亨，唐玄宗李隆基第三子，唐玄宗西逃时经马嵬驿兵变，李亨继位，后在宫廷政变中惊忧而死。崇祯内心并不愿唐玄宗、唐肃宗历史的一幕重演，光时亨此语，显然刺中他的心病，他最终无路可走，被迫死守京师，直至自尽。

如果没有光时亨的反对，如果朱由检真的迁都南京，如果大明朝后与李自成或满清一方出现政治联姻……历史的万般假设，因为光时亨的出现，都成为泡影。无论如何，光时亨确实改写了历史。这位光时亨，究竟何许人物？

光时亨（1599—1645），字羽圣，号含万，桐城人。

关于光时亨，野史中的形象，那是相当灰暗，只有轶事，显出格外的生动和有趣。

光先生的著名商标是"鸟人"牌，人称"洗鸟御史"。据说当年的内阁首辅温体仁，外面的形象很威猛，里面的形象却很猥琐。按照祖传秘方，光时亨每天坚持用"洁尔阴"之类给温大人冲洗阳物，直到大人活力再现。光先生为自己洗出了前进的道路，从县里调到了京城，把自己洗成了监察御史。

光时亨家乡的史籍，则完全不同意这类损人不利己的说法。马其昶《桐城耆旧传》对光时亨总的评价是：光先生"少有俊识，敢决事，性不能容恶"。《桐旧集》记曰：光时亨"性刚直，独立无援，忌者以阴迁为名诬杀之。海内知其冤，莫不相向流涕"。《桐旧集》中收录的光时亨第一首诗，便是《南楼誓众》，完全是一个国难担当者的壮士形象："人臣既委质，食禄当不苟。受事令一方，此身岂我有。即遇管葛俦，尚须争胜负。矧今逢小敌，安能遽却走。仰誓头上天，俯视腰间绶。我心如怔忪，有剑甘在首。读书怀古人，夙昔耻人后。睢阳与常山，不成亦匪咎。沥血矢神明，弹剑听龙吼。"

从个人禀性到为官处事，地方史对光时亨的看法，都与相关正史、野史迥然相异。据《桐城耆旧传》等地方史籍记载，光时亨为崇祯七年（1634年）进士，初授四川荣昌知县。这个时候，陕西流贼已经蜂起，天下大乱。县里有一帮热心公益的志愿者，筹集了一大笔资金为县城修桥。光时亨说：贼早晚要到，城墙破旧，应当毁桥买船，用修桥石来修整城墙。在做好群众工作的基础上，光县长果断拍板：稳定压倒一切，先抓维稳，后搞建设！城墙修好，流贼也来了。现在，城墙很坚固，河上又没了桥，流贼自认倒霉吧！

光先生的先进事迹，传到了最高领导人那里，崇祯皇帝亲自接见了他。面对领导的提问，光先生又提出了许多建设性意见。朱由检感动了——"当对时，上为起立注视者三。"领导一般都很矜持，现在居然从位子上站了起来，一遍又一遍地欣赏你，光先生真是太有才了！

桐城地方文史中的光时亨，实在太完美了。为什么完美，因为还有一段："桐城岁用兵，又年比不登，漕米三年未缴清。布政下檄补征，民疲病，无以纳，公疏请免。"帮老家的百姓免交农业税，比给一个困难户发两百块钱强多了。看来，一个人做好事并不难，难的是真诚为家乡做好事——老乡不送你土特产，但会记住你几辈子！

光时亨有没有投降李自成呢？野史答案是肯定的，说是李自成攻城时，光时亨与王章同守阜成门。王章尚在殊死抵抗时，光时亨拖着王章就跑。王章说："事已至此了，你还怕死啊？"光时亨答曰："这样死掉了，和普通士卒有什么区别？不如我们进城找皇上，找不到再死，那时死还不晚呢。"两人就这样走着，迎面撞上贼兵，王章大呼："吾视军御史也，谁敢犯！"旋即被刺死。光时亨呢？"仓皇下马跪"，就这么一声不响地投降了！

桐城地方文史，更不同意这些说法：北京城陷落时，光时亨正与御史王章巡城，王章被杀，光时亨大腿伤，逃入尼庵。半夜，准备追随崇祯上吊，被尼姑救了，没死成。过御河时，他与御史金铉一起投河，结果金铉死成了，光时亨没死成。天意如此，光时亨"遂潜行南还"。

都是后世文人的追述，哪一种可能正确？应该是桐城文人的说法靠谱些。如果光天化日之下已当了叛徒，那就倒不如再当回叛徒，投李自成是投，投满清也是投，何苦只接一次客就洗洗从良，还自己跑到老东家这里来送死？可以侮辱人家的品格，不要侮辱人家的智商。

但《甲申传信录》《弘光实录钞》等野史认为，光先生确实在李自成那儿闪过。《明季北略·北回目击忠逆定案》更是记道，光大人在李自成旗下受宠若惊，又怀着万分复杂的心情，给尚在南明统治下的儿子写信："闯逆召见，面加奖励，随谕以原官视事。时亨寄书其子有云：'诸葛兄弟分事三国，伍员父子亦事两朝，我以受恩大顺，汝等可改姓走肖，仍当勉力读书，以无负南朝科第。'"

光大人这水平，也不能说就比诸葛先生差。对国际形势的研判，历来都有个准确率问题。依光大人的观点，李自成完败不太可能，将革命进行到底也不太可能，天下大势，中国再现"南北朝"或"三国"模式，当有相当的把握。那么，以诸葛前辈为榜样，孩儿们在南朝参加科举，老夫在北都工作，咱们几处做裸官，最终哪棵树倒了，都不太碍事……

如此看来，说光时亨投靠了李自成，当是可能的。可信度高低不是看说的人多少，而是看是否符合情理。政治形势太复杂，谁有能耐谁看得准？明清易代之际，不读书的人看起来都像是三国，自己在新公司试运气，让子女报考老国企，别把鸡蛋放在一个篮子里，这样的光大人才算得上精明。

但这事似乎又不靠谱，因为没过多久，光家的公子即大喊冤枉，黄道周很是同情，便走唐王的路子，为其办理了平反手续。如果正规的平反文件都不算数，历史也就没法子再读了。

无论光时亨的人物属性是正面还是反面，叛变没叛变，是否得罪人，他都必死无疑，因为他确实犯了一桩弥天大罪，只是写在野史里不够吸引眼球——这个罪名明律上没有，中国唯一，世界唯一，且专为光先生量身定做，名曰："阻南迁"！光时亨的旁征博引，让崇祯帝道义上体无完肤，堵死了崇祯的后路，只得违心固守北京。

事后，崇祯对光时亨咬牙切齿。

美国汉学家魏斐德在《洪业——清朝开国史》中谈到"南迁"不成时，有这样一段透辟的分析："这对后来满清占领北京时的形势产生了深远的影响。满清比较完整地接管了明朝的中央政府，拥有了他们最缺乏的东西，由此接手了明朝几乎全部汉族官吏，依靠他们接管天下，并最后征服南方。崇祯帝的决定还导致诸多皇室宗亲继承权利的暧昧不定，以致派系倾轧，削弱了南明政权。"

光时亨不反对——朱由检南迁——明朝不亡，无论这个逻辑是否成立，朱由检不上吊，肯定是成立的。

确定不走，坚守不过是一句空话。坐困京城的崇祯帝，很快处于李自成的兵锋之下。在这个紧要关头，崇祯帝收到了蓟辽总督王永吉、顺天巡抚杨鹗的密奏，二人请撤关外四城，退守京城。崇祯帝异常激动，召集阁臣陈演、魏藻德等商议。但是，"无故弃地二百里，臣不敢任其咎"，他们谁也不愿承担"弃地"的责任，崇祯帝报之以苦笑而不了了之。直到三月六日，崇祯帝才下定决心，下令弃宁远，征召吴三桂、蓟辽总督王永吉、蓟镇总兵唐通、山东总兵刘泽清率部入卫，但这些显然来之太晚。

崇祯十七年（1644年）三月十六日，李自成军攻陷昌平，十七日攻至西直门外,勤王部队尚无踪影。十九日,天刚破晓,太监王相尧以宣威门投降,农民军队浩浩荡荡开入城中,守卫正阳门的兵部尚书张缙彦、朝阳门的朱纯臣也先后开门迎降,北京内城陷落。崇祯帝亲自在前殿鸣钟召集百官,可钟声没有召来一个人。面对冲天火光,崇祯帝去冠冕以发覆面,光着一只脚,与太监王承恩登上了煤山寿皇亭。在这之前,崇祯帝密令收葬了魏忠贤,重复的一句话是:"忠贤若在,时事必不至此……"

最后的关头,崇祯帝否定了自己的一生。他在衣襟上愤然留下了这样的话:"朕凉德藐躬,上干天咎,致逆贼直逼京师,皆诸臣误朕。朕死,无面目见祖宗,自去冠冕,以发覆面。任贼分裂,无伤百姓一人。"然后,与王承恩自缢身亡。

"言伪而辩,行僻而坚,心生执拗,居高位必误天下苍生者。"这话大半出于《春秋》,据说后来有人将这句话送给了王安石。其实,这话更适合送给崇祯皇帝朱由检……

※ 史可法：书生英雄 ※

史可法的母亲尹氏，梦见文天祥来到她的屋里，从而受孕怀胎，生下史可法。《明史》中的史可法，与《宋史》中的文天祥神似，但更色彩斑斓。

一、秀才与兵

史可法（1601—1645），字宪之，又字道邻，河南祥符（今开封）人。

史可法与文天祥同属末世英雄，但就人物形象而言，史可法与文天祥相去甚远：文天祥"体貌丰伟，美皙如玉，秀眉而长目，顾盼烨然"，宋理宗曰"此天之祥，乃宋之瑞也"；史可法则"短小精悍，面黑，目烁烁有光"——长得矮，生得黑，眼睛还一闪一闪的，这与史家世袭的锦衣卫百户形象，还真的非常吻合。

因祖上的荫德而世袭武职，到史可法祖父史应元这一辈，其实已经改变了。史应元中过举人，官至黄平知州，因为为官清廉，所以没有解决家庭脱贫致富的问题，无非比贫寒之家稍好一些。史家家风正派，史可法读书用功，崇祯元年（1628年）举进士，任职陕西西安府。这时，蜂拥而起的流民恰起自陕西，但史可法并没有参加平定流寇，因为他只是西安府的正七品推官，主要从事司法、审计之类的工作。史可法除了扎实的知识功底，更有超强的敬业精神，任职期满后便被擢升为户部郎中，督太仓及辽饷，这也是朝廷用人所长。

民变的现实，影响着史可法。民军张献忠、罗汝才诸部，长期奔袭于今安徽及其与湖北、江西结合部，崇祯七年（1634年）冬，江南巡抚张国维提议将安庆、池州诸地巡抚分设，以集中解决这一地区的流寇问题。平定流寇通常是吃力不讨好，众多官员都因此结局凄凉，但史可法有着与众不同的使命意识与担当精神，他大声疾呼："国家养士，原为社稷封疆计。今若此，非所以报主恩也！"于是，经张国维的举荐，史可法于崇祯八年（1635年）春任江西右参政、安池兵备道，负责监督地方军事并直接参与军事行动，其文官身份也自此一变。

史可法在地方很受官兵与百姓的敬重，关键是他有亲民之心，能自觉与士卒同甘共苦。明季的官军条件艰苦，军营里甚至帐篷都没有，寒冬腊月都露天扎营。史可法同士卒一样夜坐草间，与士卒背靠背相倚，深夜的寒霜结满甲胄，欠身起来，一身冰霜嘎嘎坠地。

明季的灾害殃及地域广泛而种类繁多，皖地蝗灾即为史上罕有。崇祯十一年，无数蝗虫自西北飞来，若云密雨骤。史可法组织官民进行扑杀，被打死的蝗虫堆积如山。但是，老的蝗虫打死了，新的蝗虫又来了，了无尽头，史可法几乎精神崩溃。深更半夜，史可法跪地祷告上天，每次都虔诚地焚尽三香。三炷香烧完，天也就亮了。精神的折磨，体力的透支，令史可法人更瘦，脸也更黑，手下的人倍感心痛，劝其休息，保重身体，史可法说：没什么的，我做秀才时，一个月也只睡眠七夜。当官以后，无非惰性大了些吧！

史可法确是一个天赋异禀的人，他身体并没有累垮。但史可法文官出身，更多的是书生属性，只是主观上有建功立业的思想，有为国分忧的精神。

虽有运筹帷幄之心，决胜千里之志，史可法的军事才能却很平常，多年战果也屈指可数。崇祯十一年（1638年）三月，史可法因没有如期实现平叛目标获罪。这时，朝廷也是可用之人太少，官员不能处理太多，于是朝廷自己为自己找了个台阶，责令史可法戴罪立功。

最要命的是，史可法没有灭掉流寇，还差点为流寇所灭。崇祯九年十二月，民军大举进攻桐城，史可法率军御敌，在距桐城三十里处安营扎寨，结果陷入民军的围困。夜深人静，几乎又是一番四面楚歌。绝境中的史可法苦思冥想：如果这样坐候天明，明天必定全军覆没。于是，史可法让几个人突围出去，到桐城县城求援。其实，县城里的兵力也非常有限，两家合起来也不是民军的对手。县令杨尔铭很年轻，也很聪明，打不过就不打。杨尔铭自己穿上军装，领着一大队人马去救史可法。这一大堆人马，什么兵器都不带，但每人的双手都举着火把，有多大嗓门就多大声嚷嚷。黑夜里，火光冲天，人声鼎沸。民军里打仗不怕死的多，真读过兵书的少，一见这阵势，以为官军的主力到了，吓得赶紧自己跑了。

能将民军吓跑，这也是一种实战经验。崇祯十年（1637年）三月，潘可大等部四千余人在安庆府的宿松被罗汝才部包围。罗汝才与张献忠皆以凶悍著称，这次包围潘可大的民军有数万人，潘可大久战既不能取胜，也无法逃脱。军情紧急，史可法率部增援。远远地瞧见民军，史可法下令开炮。大炮轰鸣，震耳欲聋，史可法等着民军吓跑，可这一次大出意外，民军不仅不跑，还反冲过来，连着史可法部一起砍，因为这是白天。双方血战，潘可大战死，诸多部将自杀，随史可法逃脱出来的士卒，只剩下一千余人。

史可法治军的效果，也相当不好，客观上是风气使然，末世的风气是从上到下一起糜烂的。史可法管辖的官军，多为陕西、山西的士兵。秦晋之兵，皆犷悍不率，优点是能打仗，但军纪不好，当过流寇的也不是少数。史可法的特点是治军严谨，要求官军要有个官军的样，否则这帮人就与土匪有得一拼。有个士兵因一桩小事，与当地的一个老太太起了争执，军爷本性上来，一箭把老太太给射死了。史可法闻讯大怒，下令军法从事，几十军棍打下来，这个小卒便一命呜呼。杖责，这是军纪规定的，打死一个士卒，史可法也完全没有放在心上。

同伴被打死，士兵中的反响就大了。晚上大家聚在一起，你一言我一语，群情鼎沸，士兵哗变了。一群士兵提着兵器冲到史可法住处，正值夜间，史可法身边只有几个文职人员。史可法一看情形不对，连忙叫他们带着重要文书翻墙逃走，自己朱衣正坐堂上。黑夜里，史可法秉烛仗剑，神光照人，端庄可怖。这阵势，居然将闹事的士兵给吓回去了。

崇祯十二年（1639年）正月，北方战事吃紧，史可法率师北援。行军至彭城，川兵不肯渡河。天下哪有这样的军队？养兵就是为了去打仗，当兵岂能怕吃苦，史可法强行下令起兵渡河。川兵仗着人多，根本不买账。史可法再一逼，部队又哗变了，幸亏将领李忠和见多识广，将哗变的士兵镇住，才没有酿出更大的祸端。但沿河一带的四百余间草棚，被哗变的士兵焚烧殆尽。

监军五年，史可法不仅吃尽了苦头，更差不多死了四回以上。崇祯十二年四月，真正死去的是史可法的父亲。史可法是有名的孝子，父亲去世，史可法悲痛难当，痛哭数日水浆不进，手下的人好劝歹劝，史可法才勉强喝了一碗粥，这也是保住身体好为国分忧啊！按照明制，史可法应该回家"丁忧"守孝三年，考虑眼下情况紧急，朝廷准备按惯例让其"夺情"，也就是不执行"丁忧"规定，继续正常工作。但史可法坚决不同意，辞官回家"丁忧"三年。

崇祯十四年（1641年）六月，史可法擢升户部侍郎，总督漕运。在这个以文职为主的岗位上，史可法如鱼得水，勤奋而敬业。内忧外患突出，战事频仍的明季，漕运不仅是一项经济工作，更关乎国家的生死存亡。回到老本行，史可法不再是灰头土脸的官员形象，而是政绩斐然，并受到崇祯帝的器重。看到史可法办事得力，崇祯帝在想，要是剿寇的人都像他这样多好，哪还有许多窝心事！于是，崇祯帝准备让史可法去当凤阳总督。但御史刘达建议说：人有所长，史可法治理漕运是把好手，换到别的岗位不一定合适。

直到崇祯十六年（1643年）七月，南京兵部尚书熊明遇被罢，史可法才改任新职——接任南京兵部尚书。正是在这个任上，历史的重任落到了他的头上……

二、书生意气

明朝自永乐朝开始实行"两京"制度，留都南京的衙门虽与首都北京相似，但权力与范围却与北京天差地别。和平年代的北京官员转任南京，通常是解决职级待遇问题，或是带有贬抑的意味，"二线干部"的色彩很浓。但史可法到南京任职，显然属于升官，因为南京兵部尚书毕竟也是尚书。

崇祯十七年（1644年）三月十九日，李自成攻陷北京，南京衙门的地位骤然上升，匡扶社稷的重任自然落到南京官员头上。北京连兵部都没有了，南京兵部尚书史可法，自然由此而显得举足轻重，但事实上却并非如此。

作为兵部尚书，史可法的信息相当滞后。四月初一，崇祯帝的后事都处理完了，史可法得到的信息还是李自成逼近京师，准备率师北上勤王。直到十四日，史可法才从南下的官员那里确认崇祯帝已殉社稷。他悲痛欲绝，以头抢地，甚至准备自尽以表明对朝廷的忠贞。

王朝的生死关头，史可法的抉择同样是进退维谷——崇祯帝自杀，王朝群龙无首，又面临清军与民军的双重打击。迅速谋立新君，做出有效的应对，才能避免王朝树倒猢狲散。南京官员在谋立新君问题上非常敏感，正是在这个关键问题上，史可法表现出的手足无措，直接导致他在弘光朝陷于政治困境。

崇祯帝朱由检身死，三皇子均未逃出，继位者只能是各地的藩王。以血缘关系讲，崇祯帝的祖父明神宗的直系子孙福王朱由崧、惠王朱常润、桂王朱常瀛最有资格当选。但桂、惠二王均在广西，距南京太远，且均比崇祯帝高一辈，不如福王以兄弟关系继统更为妥当。除此之外，神宗的侄儿——潞王朱常淓，也因避乱逃到淮安，拥立新君，他也是一个可以考虑的选项。

恰在这时，福王朱由崧从封地洛阳逃到了江南，新君人选也由此变得明朗起来。

朱由崧（1607—1646），明神宗朱翊钧之孙，福王朱常洵之子，崇祯帝朱由检堂兄，崇祯十六年（1643年）袭封福王，封地洛阳。李自成攻占洛阳，老福王朱常洵身材过于肥硕，众人帮助都上不了墙头，最后付出了生命的代价。世子朱由崧身轻如燕，成功翻墙，尽管颜面尽失，流落江淮，形同乞丐。对鸡飞狗跳过日子的朱由崧来说，天子这顶帽子，本来是有机会顺理成章地戴在他头上的——他爷爷谋划了多年，一心想将他老爸扶成太子，结果被东林党给整灭了。现在，应该"物归原主"。

崇祯十七年四月，南京诸勋贵大臣议立新君。无论就近救急，还是按伦序，排在队伍前面的，都是朱由崧。可是，由于牵涉到党祸问题，他又差点儿没有当成。东林党担心一旦朱由崧登上帝位，重翻旧案，东林党人将再次受到打击，因此一致反对立其为新君，主张拥立潞王。

东林党以张慎言、吕大器、钱谦益等为首。张慎言时任南京吏部尚书，他以曾举荐赵南星而在党内地位显赫。吕大器时任南京兵部右侍郎，钱谦益则是在野的党首。诸人认为朱由崧有"贪、淫、酗酒、不孝、虐下、不读书、干预有司"之"七不可"，从而主张"立贤"。

"贤者"，即潞王朱常淓，明神宗朱翊钧之侄。清军入关，朱常淓随军南渡长江，寓居杭州。后来清军兵临杭州，朱常淓投降，"兵入杭，市不易肆"——天翻地覆，老百姓还照样上街打酱油，几乎就是和平演变。导演出这一幕的朱常淓，似乎不是一般的"贤"。

究竟是立朱由崧还是立朱常淓，作为南京兵部尚书的史可法，这时的态度举足轻重。张慎言等致书史可法，以"七不可"反对立朱由崧。时任淮扬巡抚的路振飞，也致书史可法，认为："议贤则乱，议亲则一，现在惟有福王"，提醒史可法"伦序当在福王，宜早定社稷主"。对官员中的分歧，以及立潞王与福王的后果，史可法掌握得最为全面，其实也最清楚。但在关键时刻，史可法则完全倒向了东林党一边。

史可法入仕较晚，东林色彩并不突出，也未深度介入天启与崇祯朝的"党争"，为什么会作出这种抉择？很重要的一条，是书生情怀，而不是政治谋略。

史可法出自东林党骨干左光斗门下，左光斗对其有着不同寻常的知遇之恩。左光斗视学京畿时，尚为一介书生的史可法苦读寺中，左光斗偶然发现后对其大为赞赏。左光斗主试时，当听到门史唱出史可法的名字时，"瞿然注视"，当即"面署第一"。在史可法拜见左夫人的时候，左光斗更是当着子女的面，对史可法赞不绝口："吾诸儿碌碌，他日继吾志事，惟此生耳。"乡试后左光斗将史可法请到家中，与自己的子弟一起读书，以参加会试。在左府，有一天史可法将左光斗的官服穿在自己身上，恰被左光斗撞见，史可法满面通红，十分尴尬，左光斗笑着对史可法说：将来，你一定比我更有成就，我这官服其实是配不上你的！

左光斗对史可法的关怀无微不至，二人"不啻家人父子之欢"。

出于对东林党的特殊情感，史可法既明白路振飞所讲的道理，又担心东林党所预见的后果，最终情感战胜理性，他决定支持张慎言，并出面去做持不同意见的凤阳总督马士英的工作，理由就是东林党提出的"七不可"。

其实，史可法并不了解朱由崧其人。真实的朱由崧，形象被清朝严重污化。东林党所言的"七不可"，除了"不孝"是指朱由崧仓皇出逃中半道与母亲走失外，其余"六不可"很难找到事实的支撑。

在议立新君的紧要关头，史可法亲自写信给马士英，明言朱由崧"七不可"，要求马士英支持东林党与自己的主张。但是，马士英收到史可法的私笔信后，将其作为公函予以收文，并加盖督印予以存档。

史可法作为主持大局的兵部尚书，完全清楚南方官员在册立新君问题上的巨大分歧，也完全清楚这种分歧面临的后果，但竟然出于意气，给马士英写了一封信。送出给马士英的私信后，史可法立即又犹豫起来。真实的内心里，史可法认为按伦序迎立福王是对的。于是，史可法又试图说服东林党人，放弃迎立潞王："以齐桓之伯也，听管仲则治，听易牙、开方则乱。今吾辈之所立者，岂其不惟是听，而又何患焉？"

史可法给东林官员讲历史故事，目的是想他们不固执己见，但明显又是两头不讨好——赞成潞王与反对潞王，赞成福王与反对福王，史可法都不是旗帜鲜明。不表态，让人琢磨，这也是史可法的工作方法与策略。但是，没有人出来帮史可法解套，他还得自己拿主张。犹疑纠结的史可法，接着想到了折中。他亲自前往浦口，与凤阳总督马士英密议。最后，二人达成共识：拥立远在广西的桂王。在谋立桂王时，史可法再一次表现出他的实诚——他详尽地论证了朱由崧德才不备，根本就不能立为新君。

这个决策有相当的科技含量，史可法对自己两全其美的智慧决策，感到十分满意——既避开了矛盾的焦点，又淡化了部分南京官绅的意见。而且，又借马士英在军队的实力，获取军队方面的支持。

谋划完了，史可法静静地等着好消息。

马士英虽说也是书生出身，却没有一丝书呆子气。当军方开始动作，出手谋划拥立福王时，马士英果断转舵，成为拥立福王的领军人物。他同时与南京其他官员取得一致，并让手下的将领发兵，护送福王到南京继位。至于史可法那边，他连个招呼都没打。

"定策"中的重大失误，是史可法最终在弘光朝退出核心层的根本原因。马士英与史可法在弘光朝的地位，其实在这个时候就已经分出高下了。

三、天下大势

史可法不赞成福王朱由崧即位，当马士英与黄得功、刘良佐、刘泽清、高杰发兵护送福王南下时，诸多官员要么远迎到仪征，要么迎接到燕子矶，最近的也迎接到南京城外——这是向新主子表现的大好机会。史可法却始终忙于督师，虽精神可嘉，但这在政坛上，不过是一种书生的可爱。

崇祯十七年五月初一日，朱由崧进入南京，住进了内守备府，史可法这才入城觐见福王。在群臣商议战守大事时，史可法对福王说："王爷您应当身穿孝服，住在郊外，这样发兵北征，可以显示您报仇的决心。"第二天，群臣讨论福王监国的事，连领头反对福王的张慎言都改口了："国虚无主，福王就此可以即皇位。"史可法一开口，居然仍旧大倒福王胃口："太子生死不明，如果有一天太子到南边来了怎么办？"史可法的意见当即被群臣否定。第三天，福王监国。

要说朱由崧，还真不是朱由检。否则，老是与"一把手"过不去，史可法在朝中就不会只是被动与被打压，不被杀头至少也该被免官。在弘光朝，史可法顺利进入内阁，依旧执掌兵部事务。

因与马士英等阁臣及勋戚刘孔昭等存在分歧与矛盾，史可法自请外出督师。但是，史可法外出督师，手握军权，其军事战略却令人匪夷所思。史可法的军事战略，依旧充满了书生的想象。面对满清大军，他想到的是与其结成"军事联盟"——借虏平寇。

在这个国策的指引下，史可法安排了左懋第为首的北使团。新政权虽然财政很困难，但再大的困难也要克服。北使团一干人带上"大明皇帝致书北国可汗"的御书，赐吴三桂的诰敕，白银十万两，黄金一千两，绸缎一万匹。诏谕清朝，并称顺治帝为清国可汗，提出四件事：安葬崇祯帝及崇祯皇后，关外土地给予清朝，每年十万岁币，建国任便——实施外交救国。

崇祯十七年十月十四日，清礼部官员接见了左懋第一行，双方这般谈了一通：

"你们说的这'皇帝'，从哪来的？"

"今上乃神宗皇帝嫡孙，夙有圣德，先帝既丧，伦序相应，立之。"

"崇祯帝有遗诏吗？"

"事出不测，当然没有。"

"崇祯帝被贼围困，你们南京臣子干吗去了？"

"南北地隔三千余里，诸臣闻变，整练兵马，正欲北来剿贼，传闻贵国已发兵逐贼，以故不便前来，恐疑与贵国为敌。"

"既然这么难，那就看我们发兵江南吧……"

谈不出结果，十月二十六日左懋第等请求清方，到昌平祭告崇祯帝。

清方代表回答：我朝已替你们葬过了，祭过了，哭过了。你们葬什么？祭什么？哭什么？先帝活时，贼来不发兵；先帝死后，拥兵不讨贼，先帝不受你们江南不忠之臣的祭！

礼物人家收了，派出去的人只收到一顿打骂，这结果似乎完全出乎众人的意料。

　　史可法身居兵部尚书之职，后人能叫好的，无非是他以"大司马"身份写出的精彩美文——史可法死守扬州时，多尔衮致书劝降。这封史可法"复多尔衮书"，真实地反映了他的想法和思路，从中也可看出他的谋略。

　　"越数日，遂命法视师北上，刻日西征。忽传我大将军吴三桂借兵贵国，破走逆贼，为我先皇帝后发丧成礼，扫清宫殿，抚辑群黎，且罢剃发之令，示不忘本朝。此等举动，振古铄今。凡为大明臣子，无不长跽北向，顶礼加额，岂但如明谕所云'感恩图报'已乎！谨于八月薄治筐篚，遣使犒师；兼欲请命鸿裁，连兵西讨。是以王师既发，复次江淮。"

　　后人皆曰吴三桂引清兵入关，汉奸味十足。但史可法声称，如果我是吴三桂，我也会这么做的，因为吴三桂打败了李自成，报了"君父仇"——这就是史可法对形势的判断。

　　在当时情况下，自顾南保半壁尚不足，却还要欲图合师进讨，问罪秦中，先讨伐李自成军。史可法的战略，使得北岸清兵赢得时间和精力。前期战略失误，最后又作困兽之斗——不计较一城一池之失是兵家常识，史可法执意固守一城，到底是怎样考虑战略的呢？

　　史可法的未来战略是："今逆贼未服天诛，谍知卷土西秦，方图报复。此不独本朝不共戴天之恨，抑亦贵国除恶未尽之忧。伏乞坚同仇之谊，全始终之德；合师进讨，问罪秦中；共枭逆贼之头，以泄敷天之愤。则贵国义闻，昭耀千秋，本朝图报，惟力是视。"

　　——用"同仇之谊"感动满清，幻想用清兵消灭李自成，这就是史可法的完整救国方略。

四、困顿时事

史可法出朝督师，实际权力并没有减少。风雨飘摇的弘光朝，朝中阁臣并无多大实际权力，他们权力的大小与其掌握的军事实力关联，而史可法直接控制的是所谓"四镇"，也就是南明的军事主力。

五月十三日，史可法上《请设四镇疏》。根据史可法的意见，南明设立了"四大军区（四镇）"，分别驻扎仪征、寿县、淮安、瓜洲。"四镇"除了拥有军事权力，还拥有财税与人事权力，事实上又是四大特区。

史可法直接掌管的"四镇"，并没有发挥应有的作用。史可法虽然有收复失地之志，但实际上"四镇"均在南京附近，体现的是他消极防守、保存江南一隅的真实意图。

史可法督师江北时，正值李自成败出北京，满清入主京师之时，河南、河北、山东等地一度出现统治真空。满清兵力不足，无心也无力控制如此广大的地区，而当地明朝的残余势力，纷纷组织武装自保，并盼史可法率兵北上收复失地。五月初，河南原明归德府知府桑开第和明参将丁启光光复商丘等八县，并派使者赴南京弘光朝廷。原明河南总兵许定国，也占据战略重镇睢州。四月底，山东德州官绅赵继鼎等，在一个月内收复了济南等地四十三个州县。受史可法节制的刘泽清，也在这时派了一千余部下北上。不过，他是让士兵去河北老家接自己的家眷。这一千余人，从淮安北上穿越山东全境，直到河北地界，最后带着大队刘的家眷与大批财货，安全返回。

作为南明政权的头号军事长官，史可法驻守与山东接壤的江淮，在不费一兵一卒即可收复大片失地时，为什么按兵不动，还向多尔衮派去"友好使团"？史可法上奏时说："各镇兵久驻江北，皆待饷不进。听胡骑南来索钱粮户口册报，后遂为胡土，我争之非易。"满清不过是一队人马"来索钱粮户口册"，史可法却言"争之非易"。在史可法的眼里，那里已经是"胡土"！

掌握南明底细的多尔衮，彻底消除了大顺军与南明军联合攻击的顾虑，"但得寸则寸，得尺则尺耳"，多尔衮大胆实施各个击破。

领军"四镇"，严格治军且不说，史可法连对"四镇"的基本掌控都没有做到。"四镇"当中，比较正面的当是黄得功，但黄得功与马士英的关系远比同史可法亲密。黄得功原靠几头毛驴跑黑户运输，有一次，马士英的甥婿杨龙友进京，行李带得太多，半路上急需雇佣个体运输户，拿下这份订单的便是黄得功。

杨龙友与黄得功走在半道，遇上了强盗，黄得功不费吹灰之力就将强盗给解决了。杨龙友就此将黄得功推荐给了马士英。在马士英手下，黄得功累功至游击、副总兵，又从总督熊文灿同张献忠、革左五营等战于南直隶江北、河南一带，加太子太师。崇祯十五年（1642年），黄得功大败流贼张献忠于潜山，官至庐州总兵。又随马士英平定叛将刘超，论功封为靖南伯。朱由崧在江南自立后，黄得功很快得以再封为侯，与刘良佐、刘泽清、高杰并称为"四镇"。

史可法与马士英矛盾重重，马士英看上的黄得功，史可法也看上了。

高杰很跋扈，史可法太不放心了。所以，他让黄得功驻扎到仪征，暗地里牵制一下高杰。高杰这人不地道，没人盯着，这主说不准哪天就逆天了。黄得功有个同姓的朋友黄蜚，准备赴登莱总兵之任，黄得功率骑兵三百由扬州往高邮迎接。高杰想，坏了，黄得功要抢老子地盘了！于是，在路上埋伏下精兵。黄得功走到土桥，部队正在做饭，高杰的伏兵四起，黄得功拼得一条老命，才回到了自己的驻地，随行的三百骑全部战死了。

更让人吐血的还不是这个，黄得功玩命时，高杰真的来仪征抢地盘了。虽说没得逞，但黄得功部损失惨重。无缘无故吃这顿闷亏，黄得功气大了，他发表声明，要与高杰决一死战。史可法急了，召开了多次协调会，才使双方勉强和解。在高杰进趋河南时，黄得功又准备趁机袭击高杰军报仇雪恨。这么闹下去，史可法觉得也不是个办法。最后，史可法感到还是黄得功的思想工作好做，安排他重新移镇庐州去了。

　　扬州是江南的富裕之地，"四镇"头领都争着想要驻军扬州。高杰率兵最先到扬州地面，一路大肆掳掠，尸横遍野。扬州守军不让高杰进城，高杰率兵便打。史可法只好亲自出面劝解高杰，高杰听说史可法要来，连夜掘出近百个土坑，把打死的明军给埋了。史可法没有追究高杰的责任，再次折中让他驻守在瓜洲，高杰高兴地走了。扬州安定下来，史可法这才在扬州开设府署。

　　高杰本为李自成部将，绰号"翻山鹞"，后投降明军，反过来参加对民军的追剿，累功升任总兵官。"四镇"之中，高杰军阀习气最重，事实上史可法又与高杰关系最近。因为"大老粗"出身的高杰讲的是实惠，在他与黄得功的矛盾中，史可法做出了有利于自己的调解。对高杰的驻地，史可法也是最照顾的。

　　不幸的是，作为史可法军事力量中的核心人物，高杰在睢州被叛将许定国设计诱杀，高杰军团陷入困境，其部为其妻邢氏及其子高元爵统领。高杰一死，他的地盘刘泽清想要，黄得功也想要，高家孤儿寡母，便想进一步寻求史可法的保护。邢氏知道史可法没有儿子，提出将自己的儿子高元爵过继给史可法。

　　这时的高营人心惶惶，史可法应该千方百计主动抚恤，安抚高营将士——收高元爵为子，或为义子，都不失为一种策略。但史可法认为流寇出身的高家之子，不配自己的书香门第，尽管手下的人劝史可法接受，史可法还是坚决予以拒绝。邢氏不死心，特意备了一桌酒席，宴请史可法。席间，邢氏带着儿子跪拜史可法，史可法赶紧躲闪。三番五次，史可法绕着柱子躲，邢氏领着儿子跟在后面跪，史可法始终不接受。第二天，高部将领将史可法按在椅子上，邢氏母子又跪拜史可法。实在躲不过，史可法勉强把场面应付下来。但接下来的几天，史可法都怏怏不乐。最后他又来一次折中：命高杰之子拜提督江北兵马粮饷太监高起潜为义父。

　　本来可以更加亲密的高营，从此与史可法反而生疏起来。高营始终人心浮动，邢氏母子及高营名将李成栋等先后降清，转而成为攻打南明的主力，史可法只得困守扬州。

五、壮烈英雄

无所作为，又众叛亲离，史可法从未在自己身上寻找原因。"四镇"当中史可法看起来与高杰最近，但他对高杰的真实看法，却出人意外。在高杰出事前的一个多月，史可法甚至有了杀掉高杰之心。

崇祯十七年（1644年）十一月，郁闷中的史可法找来应廷吉谈心。在史可法的心目中，姜子牙、张良、诸葛亮这三个史上著名的救时人物，最契合自己的理想与志向。史可法满怀书生意气，认为自己就是当代的诸葛。同时，他还想知道在别人的眼里，自己与这三个人有什么距离。应廷吉顺着史可法的意思说："这三个人都是济世良才，只有所处的环境有所不同。三个人中诸葛亮最不成功，那是他没有生逢其时。"应廷吉对诸葛亮的分析，引起了史可法的共鸣，他问应廷吉说："可是，陈寿在《三国志》中却认为，领军打仗不是诸葛亮的长处。"应廷吉回答："诸葛亮的作为，陈寿怎么可能理解！"

史可法约应廷吉谈，本来就不是叙谈历史，而是感怀时事。面对困局，史可法需要为自己的理想与现实，做出一个体面的解释。应廷吉的话，让他豁然开朗又感慨万端："天下大事如此之坏，完全是'四镇'尾大不掉，惟有砍下这四个人的头挂上城门，惩戒那些任事不忠的人，时局或许有救！"

说完，史可法自己都感动了，他拿出新写的两幅字，送给了应廷吉。

史可法将责任推给了别人，后来邢氏母子率高杰部降清，史可法其实有着直接的责任。弘光元年（1645年）正月，正是史可法的亲自安排，高杰才率军北上，但进军的目的不是针对清军，而是充当清军的盟友，联合扑灭李自成等"流寇"。按照史可法的部署，明军北上至开封地区后要向西面荥阳、洛阳一带推进，与清肃亲王豪格"会师剿闯"。河南总兵许定国叛明，并在睢州将高杰杀害。睢州事变引起了一系列连锁反应：史可法出兵配合清军"讨贼"计划全盘落空，明军与清军的军事实力对比发生质的改变。

弘光元年（1645年）四月，左良玉又举兵东下"清君侧"，史可法又撤军入援燕子矶。淮防空虚，清军消灭李自成部后顺利南下，清军与南明军的决战开始了。

谋略失败，实战中的史可法又有何奇招？弘光元年，多铎部出潼关直趋扬州，攻击刘良佐、黄得功等明军主力。四月十三日，清军至泗州，明守泗总兵率部南逃，清军当夜渡过淮河。面对严峻的形势，史可法居然惊慌失措。

据应廷吉记载，当时一部分南明军队驻于高邮，史可法一天之内三次发出令箭，上午令邳宿屯田道应廷吉"督一应军器钱粮至浦口会剿"左良玉部叛军；中午令"诸军不必赴泗，速回扬州听调"；下午又令"盱眙告急，邳宿道可督诸军至天长接应"。

一日三调，史可法糊涂了，把应廷吉这帮人也弄糊涂了。

十七日，清军进至距离扬州二十里处下营，次日兵临城下。史可法"檄各镇援兵，无一至者"。实际上，史可法节制的刘良佐和原高杰两部将领已投降了清军。二十一日，总兵张天禄、张天福也投降了多铎，他们都在攻打扬州的路上。

扬州城里，只有总兵刘肇基部和何刚为首的忠贯营，兵力相当薄弱。当清军初抵城下，刘肇基建议乘敌立足未稳，出城一战。史可法说："锐气不可轻试，且养全锋以待其毙。"

不主动出击，那就死守。扬州城西门地形较低，城外高丘能俯瞰城下，又长满林木，诸将建议砍掉，否则对敌有利，于己不利。史可法说：这是人家的祖坟，我怎么忍心砍伐？你们认为这里不好守，我自己带人守。

二十一日，甘肃镇总兵李栖凤和监军道高岐凤带领部下兵马四千进入扬州城。两人的意思是劫持史可法，献城降清。史可法对这一点也非常清楚，但他对二人说："此吾死所也，公等何为，如欲富贵，请各自便。"李栖凤、高歧凤不好下手，率部出城，史可法就这么眼睁睁地看着他们出城投清。

既不能战，也不愿降，史可法在想什么呢？这一天，他又写了一封家书："恭候太太、杨太太、夫人万安：北兵于十八日围扬城，至今尚未攻打，然人心已去，收拾不来。法早晚必死，不知夫人肯随我去否……"

执意一死，同归于尽，这就是史可法的书生气节！

二十四日夜，清军用红衣大炮轰塌城墙，"城上鼎沸，势遂不支。"入夜，扬州城破，史可法自刎不死，众人拥其下城楼，史可法大呼曰："我史督师也！"多铎劝降他，但史可法不从。史可法被俘遇难，之后便是多铎的屠城。

最后的史可法，充满道德上的优越，与全扬州城的人共同殉难。江阴城破之际，一位江阴女子在墙上写下了这样一首诗："腐胔白骨满疆场，万死孤城未肯降。寄语路人休掩鼻，活人不及死人香。"

南宋油尽灯枯，南明邦分土析，史可法与文天祥，黑暗中闪耀着永恒的光芒……

参考书目

《明史》，(清) 张廷玉等撰，中华书局

《明史》，汤纲、南炳文著，上海人民出版社

《剑桥中国明代史》，(英) 崔瑞德、(美) 牟复礼编，中国社会科学出版社

《南明史》，顾诚著，光明日报出版社

《明通鉴》，(清) 夏燮撰，线装书局

《明史纪事本末》，(清) 谷应泰撰，中华书局

《国榷》，(明) 谈迁撰，中华书局

《明会要》，(清) 龙文彬撰，中华书局

《明实录》，上海书店

《明会典》，(明) 申时行撰，中华书局

《明史简述》，吴晗著，中华书局

《国史大纲》，钱穆著，中华书局

《中国大历史》黄仁宇著，三联书店

《明史考证》，黄云眉著，中华书局

《中国历代政治得失》钱穆著，三联书店

《明代政治制度的源流与得失》，朱永嘉著，中国长安出版社

《明代内阁政治》，谭天星著，中国社会科学出版社

《明朝社会生活史》，陈宝良著，中华书局

《明代国家礼制与社会生活》，赵克生著，中华书局

《明代衣食住行》，伊永文著，中国社会科学出版社

《中国灾害通史》(明朝卷)，邱云飞、孙良玉著，郑州大学出版社

《中国戏剧史长编》，周贻白著，上海世纪出版集团

《明代乡村纠纷与秩序》，（日）中岛乐章著，江苏人民出版社

《明清进士题名碑录索引》，朱保炯、谢沛霖编，上海古籍出版社

《中国历史地图集》，谭其骧主编，中国地图出版社

《明代驿站考》，杨正泰撰，上海古籍出版社

《明代灾异野闻录》，杨国宜编，安徽师范大学出版社

《明代的军屯》，王毓铨著，中华书局

《明代充军研究》，吴艳红著，社会科学文献出版社

《明史讲义》，孟森著，中华书局

《经学·科举·文化史》，（美）本杰明·艾尔曼著，中华书局

《明代倭寇考略》，陈懋恒著，人民出版社

《倭变事略》，（明）朱九德撰，上海书店

《清朝开国史》，（美）魏斐德著，江苏人民出版社

《清史稿》，赵尔巽等撰，中华书局

《明清史新析》，韦庆远著，中国社会科学出版社

《明清易代关键事件调查》，汗青著，西南财经大学出版社

《简明清史》，戴逸主编，人民出版社

《明清史论著集刊》，孟森著，中华书局

《明清之际党社运动考》，谢国桢著，辽宁教育出版社

《明亡清兴六十年》，阎崇年著，中华书局

《明清战争史略》，孙文良著，江苏教育出版社

《明季南略》，（清）计六奇撰，中华书局

《明季北略》，（清）计六奇撰，中华书局

《小腆纪年附考》，（清）徐鼒编

《小腆纪传》，（清）徐鼒编

《三垣笔记》，（明）李清著，中华书局

《甲申传信录》,(清)钱鐵著,上海书店

《东林事略》,(明)吴应箕撰

《启祯两朝剥復录》,(明)吴应箕撰

《明季稗史初编》,(清)留云居士撰,上海书店

《嘉靖以来首辅传》,(明)王世贞撰

《郑和下西洋资料汇编》,郑鹤声、郑一钧编,海洋出版社

《刘三吾集》,(明)刘三吾撰,岳麓书社

《戚继光评传》,范中义著,南京大学出版社

《戚继光年谱》,刘聿鑫、凌丽华著,山东大学出版社

《万历野获编》,(明)沈得符撰,中华书局

《海瑞年谱》,李鸿然著,海南大学学报

《唐寅集》,(明)唐寅著,上海古籍出版社

《酌中志》,(明)刘若愚撰

《左忠毅公年谱定本》,(清)马其昶撰

《徐霞客游记》,中华书局

《徐霞客先生年谱》,丁文江撰,上海商务印书馆

《徐霞客研究》,学苑出版社

《崇祯长编》,佚名,上海书店

《史可法年谱》,(加拿大)史元庆著